管理者的智慧

从经验到业绩增长一本通

王法松◎著

中国铁道出版社有限公司
CHINA RAILWAY PUBLISHING HOUSE CO., LTD.

图书在版编目（CIP）数据

管理者的智慧：从经验到业绩增长一本通/王法松著. —北京：
中国铁道出版社有限公司，2023.11
ISBN 978-7-113-30518-5

Ⅰ.①管… Ⅱ.①王… Ⅲ.①管理学 Ⅳ.①C93

中国国家版本馆CIP数据核字（2023）第162564号

书　　名：**管理者的智慧：从经验到业绩增长一本通**
GUANLIZHE DE ZHIHUI: CONG JINGYAN DAO YEJI ZENGZHANG YIBENTONG

作　　者：王法松

责任编辑：巨　凤　马真真　　　　　　编辑部电话：（010）83545974
封面设计：仙　境
责任校对：安海燕
责任印制：赵星辰

出版发行：中国铁道出版社有限公司（100054，北京市西城区右安门西街8号）
印　　刷：北京盛通印刷股份有限公司
版　　次：2023年11月第1版　2023年11月第1次印刷
开　　本：710 mm×1 000 mm 1/16　印张：13　插页：1　字数：200千
书　　号：ISBN 978-7-113-30518-5
定　　价：55.00元

从经验到业绩增长

自拙作《有用才是硬道理——高绩效培训师实战手册》出版以来，我陆续收到各地热心读者的反馈。我发现很多人对"隐性知识显性化，零散经验系统化，内在逻辑结构化，外在呈现生动化"中的前两句以及"4D 组织经验萃取模型"非常感兴趣，而且问了很多他们关心的问题。比如：

- 如何更高效地从实践中萃取出有效经验？

- 我不是业务专家，能够通过什么方式从业务专家身上萃取出经验？

- 萃取出来的组织经验是不是统一都要转化为课程？

- 我如何保障所萃取的经验是高质量的、靠谱的呢？

- 组织经验萃取和复盘、案例开发是什么关系？

甚至还有喜欢探究的伙伴提出了非常有趣的问题：组织经验萃取是一门"中国功夫"吗？

在沟通回复这些问题的过程中，我对提问的人略做了人群的甄别，他们大部分是以下三种人：一是培训管理者，二是企业内部培训师，还有很大一部分是企业各级管理者。这既在情理之中，也在意料之内。因为以管理者犀利的眼光，很容易发现组织经验萃取与知识沉淀、人才培养、绩效提升以及转型变革的密切关系。换言之，组织经验萃取有着非常好的投入产出比，通过对组织经验的萃取梳理、落地转化能给个人和组织带来巨大的价值。我将这个过程称为"知识经营"。

我国目前有不少全球性的标杆企业。在 2022 年的全球 500 强企业中，有145 家来自中国，再次成功超过美国的 124 家[①]。除了大家熟知的华为、京东、阿里巴巴、腾讯等名企，众多有着鲜明中国特色的国有企业稳居世界 500 强之列，其他行业龙头以及在垂直领域专、精、特、新的独角兽企业也有不少出自中国。这些企业靠着持续创新、不断总结，走自己的发展道路。还有一些公司虽然是新创企业，但他们身处 VUCA[②] 时代日新月异的新业态中，初期入场的选手全都是新手，谁也没有经验可以借鉴。以自媒体为例，从微博转移到微信公众号，再转移到以抖音为首的短视频平台其实也就是短短几年间的事。再以电商为例，从京东、天猫到拼多多，再到类似希音这样的跨境电商和各种平台的直播带货，你方唱罢我登场，实在是令人目不暇接、眼花缭乱。如果想着让别人摸着石头过河，自己等着抄别人的经验，恐怕黄花菜都凉了。因此只能在第一时间抢先登陆，边做边学，边总结边改善。对这种企业来说，敏捷探索、实时总结、快速复制、高频迭代才是王道。所有这些，无疑加剧了"组织经验萃取"的迫切性。

2022 年底，有一位前辈问我："既然这个主题这么有价值，你们又有干货可以分享，为什么不一鼓作气结集出本书呢？"其实，这个念头在我心里已经冒泡不是一两次了，只是深藏于骨子里的惰性以及写书本身的熬人特性，使我一拖再拖罢了。有了这位前辈的鼓励和敦促，我才终于下定决心将近些年来的

① 数据来源：2022 年《财富》世界 500 强排行榜。
② VUCA 是 Volatility（易变性）、Uncertainty（不确定性）、Complexity（复杂性）、Ambiguity（模糊性）的缩写。

观察、思考和实践编写成书，与同好分享。

本书围绕"从经验到业绩增长"这个主题，一共分成七章。

第一章，我们期待能促进读者朋友建立一个共识——"经验的浪费是企业最大的浪费"，从管理者视角分析了组织经验萃取的价值，并且举了 6 个不同行业的企业案例，从不同角度佐证组织经验的功效。同时，我们鲜明地提出了自己的观点——"高质量的组织经验必须是道法术器一体的高品质解决方案"，简要地向大家介绍了企友咨询自主研发的"4D 组织经验萃取模型"的框架。

第二章到第五章，我们按照 4D 组织经验萃取模型的四个阶段，即界定主题（Define the topic）、挖掘素材（Discover materials）、萃取智慧（Distill wisdom）、设计方案（Design a project），分别介绍了如何通过构建经验体系、挖掘素材、撰写案例、提炼道法术器、设计落地转化的方案，最终达到业绩增长的目标。

图 1　4D 组织经验萃取模型的四个阶段

第六章，侧重介绍了管理者如何在组织和团队内有效推动组织经验萃取活动，除了自萃（个人式萃取）、萃他（访谈式萃取）、群萃（共创式萃取）和混萃（混合式萃取）四种常规方式外，几家标杆企业还探索实践了一些创新性的"花式玩法"，本书也以案例的形式一并作了分享。

当您阅读最后一章的时候，请做好充分的思想准备。因为通过前六章的铺垫，您大概率已经摩拳擦掌、跃跃欲试了。但俗话说得好，"尺有所短，寸有所长"，组织经验萃取有其显著的作用和价值，同时也存在自己的局限性和需要注意避开的"坑"。因此，我们在最后一章里，侧重给大家分析了经验的局限性。幸运的是，这些局限性并非无可救药。解药是什么呢？答案就是保持迭代进化和面向未来持续创新。

秉持"有用才是硬道理"的一贯追求，我们和编辑 Sophie 一道反复讨论，就写作目标达成了几点共识：

这是一本主要面向企业各级管理者（包括培训管理者），兼顾业务专家和企业内训师的书。我们尽可能从管理者的视角出发，立足管理者的切身需求，用管理者习惯的语言来表述。为了保证精准性，部分内容仍然沿用了专业术语，但都通过"白加黑"的方式进行了通俗化诠释（"白"指生活化语言；"黑"指专业化语言）。

这是一本有助企业实现业绩增长的书。换而言之，它必须是绩效导向的。德鲁克先生曾经在他的著作中写道："管理是一种实践，其本质不在于'知'而在于'行'；其验证不在于逻辑，而在于成果；其唯一权威就是成就"。对此，我们始终深信不疑。可以说，这本书本身就是基于这个理念完成的一次对"组织经验萃取"的经验萃取，是一个从实践中来、到实践中去的过程。

在本书中，我们提供了大量案例供管理者们参考。这些案例来自各行各业的标杆企业及快速成长型企业。这些卓越的组织用行动探索出了从经验到业绩增长的有效路径，证实了经验萃取对企业经营管理的重要价值。更令人欣喜的是，他们所采取的行动以及行动背后的思维模式有着很好的可参考性，甚至完全有可能用"成功"复制"成功"。

我们视组织经验萃取为手段，而非目的，最终目的是使知识经营产生价值，帮助管理者更好地开展管理工作、提升团队绩效。因此，我们在每个环节都不断叩问它与最终成果的逻辑关联，并且评估它对业绩的价值贡献。特别是在本书第五章"设计方案"中，我们强调"输入"是为了"输出"，提供了一套推动萃取成果落地转化的思路和方法。如果您在自己的经营管理工作中，能够以终为始，结合绩效改进思维和 PDCA 闭环工作模式积极践行 4D 组织经验萃取模型，相信点亮业绩指日可待。

这是一本开放的书。我们深信静态的方法将迅速失效，封闭的系统将因为熵增原理而最终走向终结。毋庸置疑，书中提供的理念、方法与工具必然是不完善的，但它具有迭代进化的可能性。不忘初心、与时俱进、止于至善，是我们共同的追求。

撰写这本书的时候，正值线下业务逐步复苏，恢复了往日的忙碌，的确给写作带来了很大的挑战。这本书能最终成文，要衷心感谢很多人。

感谢好朋友王华，将这套方法论命名为"4D 组织经验萃取模型"，是在与他配合一个工作坊的过程中灵感突发想出来的。每次见到他，我都忍不住感慨："为什么我们能这么心有灵犀？"

感谢《培训》杂志执行主编顾邦友老师，在他的启发和鞭策之下，我们曾在出书之前先推出了一套同主题线上课程。这套课程被博世等众多著名企业引进后成功地进行了实践检验，为本书提供了基础框架和更多实证。

感谢企友团队的伙伴们。这本书是以我个人的名义署名的，但它本质是整个企友团队的共同成果。特别是陈巧晖、刘盈盈、潘颖涵、刘筠筠这几位战友，必须在此重点强调：

巧晖担任内部编辑，负责了全书文稿的整合、编辑，秉持一颗匠心，把她的很多创新想法融入书中，显著提升了阅读的体验感；

盈盈主要协助我整理案例，从众多历史实践中甄选出适合的案例，既要保持案例的价值，又要进行严格的脱敏和重新加工，这个工作量可想而知；

颖涵虽然去年刚大学毕业加入团队，但非常出色地承担了插画师的工作。他的作品多有巧思，而且传神，常常令我会心一笑、回味无穷。您在书中看到的每一幅插画和思维导图，都是颖涵一笔一笔手绘勾勒出来的；

筠筠继续发挥她的特长，充当第一读者，负责"找茬"和从读者视角提出改善意见。

感谢本书的编辑 Sophie 女士，她同时也是《有用才是硬道理》的编辑。在上一本书配合出版的过程中，她的颜值与才华兼具且极有匠心的特点给我们留下了深刻的印象。以至于这本书在策划出版时，我们始终无法"摆脱"对她的依赖，只能继续在她的指引下努力工作。

感谢我的太太和孩子，在我加班加点赶稿的过程中一如既往地给我最大的保障和支持。

最应该感谢的人，其实是本专业领域的前辈们以及令人尊敬的客户们和学员们，你们的指引、实践、反馈和共创，为"4D 组织经验萃取模型"的生根、发芽、成长提供了最丰沃的土壤。

感谢每一位关心支持企友咨询的朋友！

囿于水平，错漏之处定然不少，权当抛砖引玉，恳请您不吝指正。世间一切，皆是遇见。感恩有缘在茫茫人海中相遇，让我们一起遇见更好的自己！

法松

2023 年 7 月

目录
C O N T E N T S

第3章

D₂ 挖掘素材：让绩优者亮相

第4章

D₃ 萃取智慧：透视高绩效方法论

第 5 章

D₄ 设计方案：从经验到业绩增长

第 6 章

组织内如何推动经验萃取

第 7 章

经验的局限与破解之道

第1章
经验的浪费是企业
最大的浪费

想一想

1. 为什么华为会认为"经验的浪费是企业最大的浪费"？
2. 如何判断萃取出来的组织经验是否高品质？

1.1 组织经验萃取的价值

管理者常常被誉为组织内的"中坚力量"，因为这是一群需要带领团队拿到结果的人。里面有两层含义，一是"众行"而非"独行"，是"兄弟们跟我上"的概念，涉及选育用留、排兵布阵和大量沟通协调；二是必须结果导向，得靠"功劳"而非"苦劳"说话。当"官"殊为不易，一不小心夹在中间，从"中坚力量"变成了"中艰力量"。让我们来看下面这个案例。

张华是碧涛公司小有名气的销售高手，由于业绩突出，三个月前被调往另一个城市公司，并晋升为区域营销经理。朋友们都羡慕张华才来公司不到两年，就有了独立施展拳脚的一方舞台。张华却每天眉头紧锁，一副焦躁不安、心事重重的样子。到底发生了什么呢？

原来，公司为了提升某项新产品的市场份额，快速攻城略地，不仅提拔了一批类似张华这样的绩优骨干，而且给各城市公司招募了一批新员工以更有效地覆盖下沉市场，同时还给各区域营销经理下达了颇具挑战性的业绩目标。

这些入职不久的新员工简直成了张华的梦魇。不信？一起来听听这天早上，他接电话都说了些什么：

"小李，你发给客户的报价单，规格型号写错啦！这么简单的事情，都做不对，客户已经投诉到我这啦，还不赶紧处理一下！"

"啊？写错啦？不至于吧？我明明核对过的啊！"小李辩解道。

张华强压怒火："唉，拜托你能不能用点心？你这个月的花式错误已经超过 5 个了，难道你要创造一个新的吉尼斯世界纪录吗？"

小李很委屈地嘟囔了一句："我哪是不用心了？公司很多工作没给依据、没给标准，完全靠我们自己一摸黑地干，我实在无力'吐槽'啊。"

…………

这通电话还没挂断，新员工小赵的电话又拨了进来。

小赵是来求助的，语气里充满了慌乱。"老大，经销商要求我提供一份新产品合作推广方案，而且明天就要，快救救我，我该怎么写呀？"

"你去找老田帮忙，他来公司三年多了，很有经验，而且应该有不少历史方案可以发给你参考。"

"我找过他了，他说了几条注意事项，我听得云里雾里找不着北，本来想多请教几句的，可是他正在出差，根本没心思搭理我。至于参考方案，他说他也想要，正不知去哪找呢！"

…………

类似这样的情况占用了张华大量精力，对他来说，已经成了日常，实在令他苦不堪言。另一个消息也让张华感觉到"压力山大"。从总部的数据周报里，他看到几个兄弟城市公司的业绩完成度正噌噌噌地往上涨，有一个甚至提前两周达成了120%，而自己所带的团队还有超过一半的目标尚未完成。他很想知道，这些领跑的城市公司究竟是怎么做到突飞猛进的，但苦于"求教无门"，始终不得要领。

苦恼的张华不禁想起了自己最喜欢的《庄子·养生主》里"庖丁解牛"的故事。庖丁分割牛时"全以神运，目'未尝见全牛'，刀入牛身若'无厚入有间'而游刃有余"的样子，令张华心驰神往，却又觉得望尘莫及。

张华为了排解压力，每天睡前通过看战争类影片给自己打气。重温完《亮剑》，又接着看《我的兄弟叫顺溜》。这天晚上，电视剧里的一个片段"电"到了张华。剧情大致是这样的：

男主角顺溜同志是个神枪手，几乎到了百发百中、弹无虚发的程度。营长希望

3

能把他的射击经验推广给全营士兵，让人人都成为神枪手。可是营长询问顺溜是怎么做到时，他却抓耳挠腮地回答道："我没什么经验，瞄准了开枪就行。"顺溜还告诉大家，他是小时候跟着他爹打獐子学会射击的，一开始也射不中，打多了找着了门道，后来一枪一个觉得特别简单。大家听完，都觉得无从学起。还好翰林成功解决了这个难题。他通过观察和沟通，将顺溜的射击经验总结提炼为几句朗朗上口的口诀，"鬼子上山，瞄他的头。鬼子下山，瞄他的脚"，并且通过"图示＋原理"的方式讲解给其他战友听，让他们不仅知其然也知其所以然。同时，营里每天晚上组织战士模仿顺溜的方法盯蚊子，每天早上晨练时组织战士们边跑步边齐声喊口诀以增强记忆。经过一段时间共同努力，战士们的射击水平得到了显著提升。

张华灵机一动，心想：如果我能像电视剧里这样，先把兄弟城市公司的先进方法借鉴过来，融合我们本地的情况以及自己团队绩优员工的实战经验，形成一套打法，再训练小伙伴们掌握它，岂不妙哉？

说干就干，在张华的推动下，公司召开了一次"新起点·新征程·新经验"的区域最佳实践行动研讨会，会上做得好的城市公司分享了他们的做法和经验。张华带着沉甸甸的收获回到自己的城市公司，立即组织骨干员工结合本地情况，进行了一轮完善和细化。该定标准的定标准，该梳理流程的梳理流程并明确责权利，该设计模板的也一并搞定，整合成营销工具箱，然后紧锣密鼓地组织全员开展实战训练。

这个过程虽然花了不少时间精力，但磨刀不误砍柴工，到了下一季度，张华所带的团队提前两周顺利完成了公司下达的业绩目标。最重要的是，张华再也不像起初那样焦头烂额了，越干越井井有条，甚至找到了几分庖丁解牛那种游刃有余的感觉。

张华紧缩的眉头终于打开了，心底的自信透出在脸上，化作灿烂的笑容。

作为团队领导的你，是否也曾经历过张华的焦头烂额？又是否享受过"山重水复疑无路，柳暗花明又一村"的那种难以名状的愉悦感？

张华案例中涉及一个重中之重的关键词，就是我们从小耳熟能详的"经验"两字。在哲学上，"经验"是指人们在同客观事物直接接触的过程中，通过感觉器官获得的关于客观事物的现象和外部联系的认识；辩证唯物主义认为，"经验"是在社会实践中产生的，它是客观事物在人们头脑中的反映，也是认识的开端；在日常生活中，"经验"是指在直接接触客观事物的过程中对感性体验进行的概括总结。综合起来，我们大致可以认为：所谓"经验"，指的是人们从生活、工作的多次实践中总结得出的观念、知识与技能。依此类推，"组织经验"可以理解为组织成员在生产经营过程中共同实践获得的，体现集体智慧的系统性观念、知识与技能。而组织经验萃取则是通过一系列动作对组织经验进行提炼、整合和迁移运用的过程。

张华是千千万万管理者的缩影，同时也是通过组织经验萃取将经验转变为业绩增长的典型受益者。

回归日常，中、基层管理者主要有两方面的工作：一是管事，带领团队达成当下的目标；二是理人，为团队赋能，给未来发展创造更多的可能性。管事，需要弄明白解决一个问题或完成一项任务的最佳方案是什么，这样才能运筹帷幄、胸有成竹，不然就成了瞎指挥。理人，除了教下属如何运用最佳方案做事，还要学会激发动机，从心力上调动团队成员的内驱力。

通常情况下，大多数管理者是从一线岗位中的"业务能手"晋升而来的。如果能持续将自己以及团队内其他高手的智慧总结提炼出来，打造成一系列高品质解决方案，然后赋能给团队其他成员，就有了"用优秀的人培养更优秀的人"和"平凡人做非凡事"的可能性。同时，还能有效避免因为团队业务骨干调岗、离职导致的经验流失和业绩波动。

对于一个团队来说，组织经验无疑是宝贵的知识资产，对经验的萃取和运用显然应当作为管理者的一项重要工作。如果提升到整个组织的高度，以经营者视角来看，组织经验的价值更是不可小觑。

近年来，有很多关于组织经验萃取的成功案例极具参考价值，给我们留下了深刻印象。经验的浪费是企业最大的浪费，这是华为被外部广为引用的一句名言。完全可以说，这句话的正确性已经被广大企业的实践有力证明。

——【组织经验萃取助力企业知识沉淀】——

典型案例1:

A餐饮管理公司在发展初期只是一家独立餐厅，是由一位对美食研究天赋异禀的大厨和他的擅用服务俘获顾客芳心的朋友联合创办的。这家餐厅因其优美的环境、独特的美食和有温度的服务，很快打开了局面，吸引了不少本地市民甚至外地游客慕名而来，成了大家口中的"网红餐厅"。

不时有顾客问两位创始人能不能在其他片区或城市开个分店，间或还有人问他们如何加盟，这使两位创始人陷入了纠结：一方面，眼下大好的增长机会，错过属实可惜；另一方面，又担心无序扩张，会导致品质下降，砸了好不容易攒下的好口碑。怎么办呢？要是有一套高效成功的运营标准和运营手册那就好了！

撸起袖子，说干就干，他们带着团队，总结经验、提炼标准、建立流程、编制手册一气呵成，如图1-1所示。有了这些开新店的复制模板，再加上一套卓有成效的合伙人激励机制，他们飞速开枝散叶，在两三年间成功开了二十几家分店。

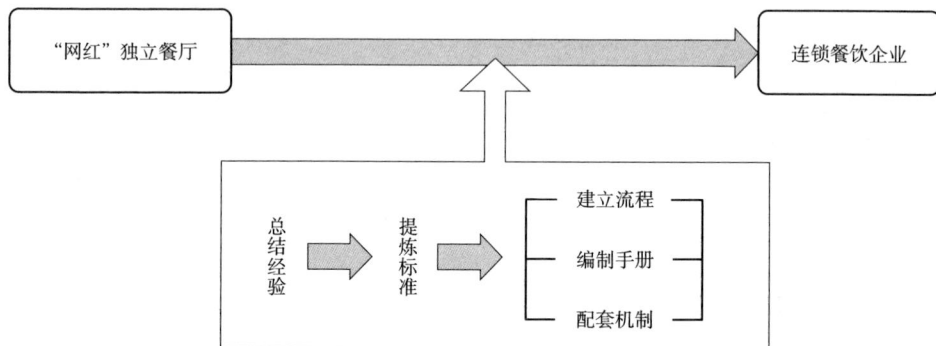

图1-1　A公司的萃取之路

典型案例2:

B银行成立已有几十年，积累了丰富的组织经验，计划培养一批具备萃取能力的内训师，通过萃取一批经验成果，形成解决方案，再进一步推广，助力企业业绩增长。

在实际操作中，B 银行从业务场景中的关键点和痛点甄选主题，组织内训师们采用自萃的形式萃取经验。同时，通过专业机构提供的组织经验萃取系列线上微课、经验萃取工具包、经验萃取成果示例包等资源，帮助内训师们在短时间内轻松掌握萃取技术。在此过程中，持续通过案例组比对研究、原因分析、模拟推演三重保障，校验萃取成果的有效性，打造出针对实际问题或任务的系统性解决方案，最后用绩效改进思维设计实施落地转化。

看着这些累累硕果在局部完成试点并顺利全面推广，B 银行的组织者不禁感叹组织经验萃取的实用、有用和好用，计划将萃取工作常态化，使组织经验源源不断、经久不息（见图 1-2）。

图 1-2　B 银行的萃取之路

【组织经验萃取加速企业人才培养】

典型案例 3：

C 物业服务公司是业界的一匹快马，业务的快速增长带来了每年大约 50 个项目经理的人才需求。要知道，在物业服务公司里，项目经理是典型的关键岗位，这个岗位通常负责一个或几个项目，既要对上完成经营指标，又要对下管理保洁员、维序员（即维持小区治安和秩序的物业员工）等基层工作人员，还要有效协同与业主、第三方外包服务商和相关政府部门的关系，可谓是基层经营单位的"一把手"，没两把刷子是不可能干好的。这样一个关键岗位要是仅仅依赖对外招聘，未免过于被动，还容易出现"水土不服"的情况。为此，C 公司使出了一个绝招——靠自己对内选拔、培养。

具体怎么做呢？

第一步	依据岗位任职标准，明确后备人才的"入池"和"出炉"条件，设计线上线下、在岗脱岗、正式非正式相结合的混合式学习路径，制定考评标准和方法，打造出一套流水线式的专项人才培养机制。
第二步	根据该机制的资源需求梳理出主题清单，邀请公司内的业务专家展开组织经验萃取，将萃取所得的案例和组织经验转化为作业指导书、带教手册、线上微课和培训课程等，为机制的"骨架"赋予"血肉"。
第三步	以1.5年为一个周期，滚动开展新项目经理培养项目，前一年年底进行苗子的甄选，来年分季度开展混合式培养，年底进行综合考评，优秀者被聘任为代理项目经理。再下一年继续进行在岗强化训练，年中业绩和能力合格者正式成为项目经理。

通过上述三步走，一批又一批新经理陆续上岗，很好地满足了C公司业务快速发展的人才需求（见图1-3）。

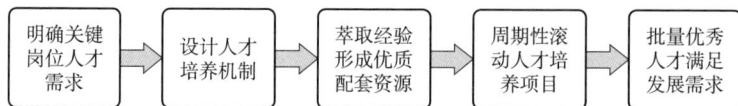

明确关键岗位人才需求 → 设计人才培养机制 → 萃取经验形成优质配套资源 → 周期性滚动人才培养项目 → 批量优秀人才满足发展需求

图1-3　C公司的萃取之路

【组织经验萃取促进企业业绩增长】

典型案例4：

D国际供应链公司也是组织经验萃取的受益者。在组织经验萃取的实施过程中，不仅对此前的最佳实践进行了总结和沉淀，而且通过对实际工作的显性化浮现，他们惊奇地发现了不少工作中潜藏的待改善点。他们借此机会对现有工作流程进行了全面整合和优化，该合并的合并、该拆分的拆分、该新增的新增、该删除的删除、该调序的调序，形成了一套升级版的运营流程。新流程试运行过程中，他们组织了几轮复盘优化，最终固化下来。为了让组织经验的萃取成果发挥更大作用，他们采取了几项重要行动：

1 请专业的 IT 公司将新流程固化到系统上，用数智化工具提升组织效能。

2 将流程中的关键任务、重要环节录制成解说短视频，再配上简要的图文说明，方便新人在操作过程中遇到问题，可以通过企业微信随时查询。

3 将一些工作注意事项等编成易学易记的口诀或要点，做成小贴纸分发给相关的员工。员工可以将贴纸贴在办公位上，时时提醒自己注意。

经过这一番调整，D 公司堵住了不少工作漏洞，减少了很多不必要的消耗，整个工作流程变得非常顺畅。特别是新客户导入的出错率降低了 20%，其中有几个关键流程的操作效率提升了 15%，而且新员工独立上手的周期从 12 个月降到了 6 个月。公司上上下下都非常开心。

典型案例 5：

E 保险公司在全国有几十个分支机构。在开展业务过程中，这些分支机构八仙过海、各显神通。有些在政企合作方面独树一帜，有些在车险业务方面遥遥领先，还有些在招募和发展代理人的方面特别厉害。如何让各分支机构的独门绝招集合成整个公司的"功夫宝典"，实现互通有无、共同进步呢？组织经验萃取就是一个很好的抓手。

他们通过内部调研，确认了当前业务中的痛点问题，再从全国遴选出把这些痛点问题解决得最好的分支机构，安排经过系统训练的萃取师前往实地研究，萃取出系统性解决方案。这项工作结束后，公司又举办了"智汇"论坛，由优秀分支机构的负责人和萃取师登台"传经送宝"。一时间，"比学赶帮超"蔚然成风，共创、共赢、共享成为团队的共识，"一枝独秀，各美其美"渐渐成了"百花争艳，美美与共"，整个公司的业绩也随之往上迈了一大步（见图1-4）。

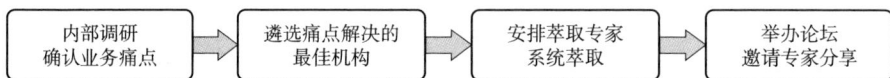

| 内部调研
确认业务痛点 | → | 遴选痛点解决的
最佳机构 | → | 安排萃取专家
系统萃取 | → | 举办论坛
邀请专家分享 |

图 1-4　E 公司的萃取之路

【组织经验萃取推动企业变革转型】

典型案例 6：

F 机电设备公司是一家重视研发的制造类企业，此前主要的盈利来自销售设备。他们通过对标全球领先的同行发现，服务带来的营业额贡献和利润占比越来越大，从制造向"产品＋服务"转型是发展的必然趋势。于是，他们决定推动其中一个事业部率先进行变革转型的探索和实践。值得高兴的是，这个事业部历经各种波折，终于摸索出了一条好路子，验证了转型带来的第二曲线增长。

试点成功，如何完成打样然后在全公司复制，使整个公司实现一次大升级呢？组织经验萃取再次发挥了大作用！他们把事业部的核心骨干集中在一起，通过连续几天的封闭式研讨，还原了探索过程中的关键事件，从定义成功开始，群策群力提炼成功关键因子，设计本企业转型服务的价值曲线，匹配关键服务并制定相应的流程，一步一步地形成了完整的打法。

其他事业部参照这套打法，也陆续迈上了升级转型之路，公司发展逐渐迎来了"第二春"（见图1-5）。

| 团队封闭
研讨 | → | 还原关键
事件 | → | 提炼成功
因子 | → | 设计价值
曲线 | → | 匹配关键
服务 | → | 制定相应
流程 | → | 推广落地
执行 |

图 1-5　F 公司的萃取之路

　　由此可见，组织经验萃取作为一种行之有效的方式，可以帮助企业更好地推动知识沉淀、人才培养、业绩增长和变革转型。组织经验作为企业重要的知识资产理应得到经营管理者的高度重视。

　　可以说，每位管理者都应当掌握组织经验萃取的理论和方法，懂得如何在团队中推动经验萃取活动。因为经验可以变能力，经验可以出业绩。

　　既然组织经验是团队、组织的"连城之璧"，那么如何保有这份"珍宝"，避免浪费呢？接下来的两小节内容相信可以帮助你找到答案。

1.2　高品质经验必须是道法术器一体的解决方案

　　相信很多人对经验的价值并没有异议，只是觉得经验这东西，做多了自然有，何必大费周章搞什么萃取，"一万小时定律"[①]不是早就指出了吗？不管你做什么事情，只要坚持一万小时，基本上都可以成为该领域的专家。事实果真如此吗？

　　有些人干了十年还和第一年的水平差不多，因为他只是盲目地做事，从未认真地总结反思，相当于把第一年机械地重复了十遍。有些人稍微好些，他在做的过程中会有意识地攒下一些感性的经验。比如做销售的会知道要根据顾客的不同个性采用不同的沟通方式，又比如做招聘的能够用自己的火眼金睛在应聘者简历中一眼挑出疑点来。但这些碎片化的经验，并不足以支撑一个人成为高手。

　　真正的高手需要跳出画外看画，能够将碎片化经验进行整合，把握脉络和关键，洞察背后的逻辑，形成系统性的解决方案。

---

① 出自尔科姆·格拉德韦尔《异类》一书。

何谓系统性的解决方案呢？

"道以明向，法以立本，术以立策，器以成事"，我们借用这一说法，认为高品质的组织经验必须是关于解决某个问题或完成某项任务的"道、法、术、器"一体的解决方案。在4D组织经验萃取模型中，可以用一棵经验树来类比（见图1-6）。

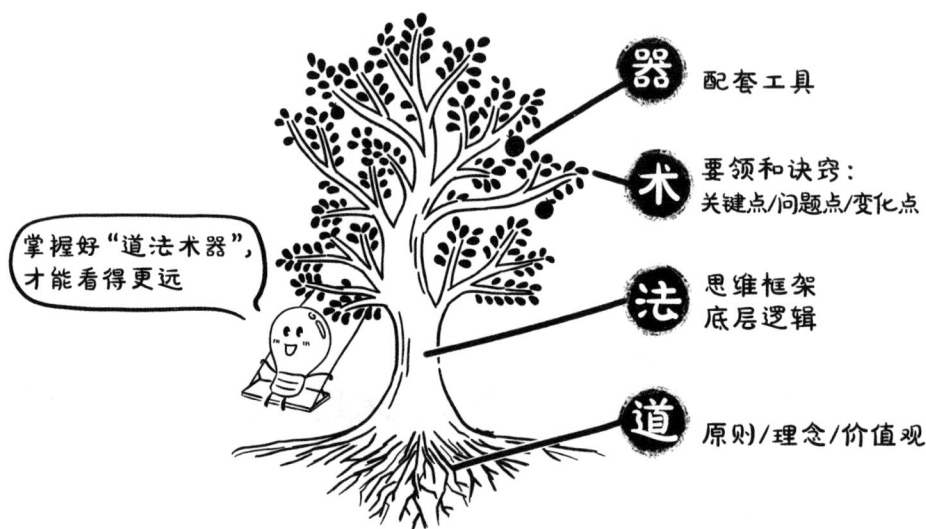

图1-6 "道、法、术、器"一体的解决方案

所谓"道"，是指原则、理念和价值观。它是经验树的树根，深深地扎在土壤里，并不为人所见。但别忘了，地面之上的整棵树都是由根生发出来的，根深才能叶茂。"道"看似最虚，实则最实；看似最柔，实则最刚。

所谓"法"，是指思维框架以及框架背后的底层逻辑。它是经验树的树干，呈现了整棵树的样貌，纲举才能目张。

所谓"术"，是要领和诀窍，它是经验树的树枝和树叶。"术"主要包括关键点、问题点和变化点，不妨概括地称之为"三点式"。

所谓"器",是指配套的工具,它是经验树的果实。因为它方便拿(摘)来就用(吃),也利于播种生根发芽。

只有完整具备根、干、枝、叶、果,才构成一棵完整的树,进而长成一片树林。如果只有"道",没有"法""术""器",将使人陷入虚无,最终成了电影里说的"听过很多道理,却依旧过不好这一生"。相反,如果只有"术"和"器",无"法"无"道",又使人陷于僵化,只会机械执行,根本不能触类旁通、举一反三。

按照全息分形理论[②],经验树的"道、法、术、器"架构其实是其大无外、其小无内[③]的。大到如何经营企业,比如日本经营四圣之一稻盛和夫,他在创办京瓷的过程中,通过实践总结出了一套阿米巴经营方式[④],有方法、有要领、有工具,最重要的是背后还有一套直指人心的稻盛哲学。其中,阳明心学[⑤]所滋养的"敬天爱人"价值观才是整套阿米巴经营的灵魂。小到卖衣服如何连带销售、做讲师如何制作 PPT 课件,都可以挖掘出整套的"道、法、术、器"(见表 1-1)。

表 1-1 连带销售和课件 PPT 制作的"道法术器"

	连带销售	课件 PPT 制作
道(原则/理念/价值观)	凡进店必试衣,凡试衣必成套	让 PPT 为内训师服务 教学协同重于炫技
法(思维框架/底层逻辑)	拿配比推	"拆删调"三板斧
术(要领和诀窍)	拿对第一件衣服的"一看、二问"	快速对齐的五个小技巧
器(配套工具)	话术参考	素材和模板

---

② 利用"信息的一部分往往是整体的缩影"现象,反映事物之间的全面关系。

③ 出自《吕氏春秋·下贤》,原意指"道大至无所不包,小至微乎其微"。

④ 阿米巴经营模式就是将整个公司分割成许多个被称为阿米巴的小型组织,每个小型组织都作为一个独立的利润中心,按照小企业、小商店的方式进行独立经营。

⑤ 明代著名思想家王阳明的心学思想。

1.3 实践出真知的 4D 组织经验萃取模型

要想萃取出"道、法、术、器"一体的组织经验并非易事。为什么这么说？我们拿一个生活中简单的现象来举例。

大多数人从小就会骑自行车。我在还不会骑车的时候，向很多人请教过"如何学会骑自行车"，有的人是这么告诉我的：

"骑自行车这件事很简单啊，没有什么诀窍，摔多了自然就会了。"

我听完后觉得有点道理，不过我为什么要拜你为师向你请教呢，无非是希望能少摔几次，如果都得多摔几次，那我就不用问你了。

还有人跟我讲：

"松哥，骑自行车最重要的是保持平衡！"

这句话对不对？对，非常正确，但这是一句正确的废话。虽然对，可是不管用啊！请问什么叫"保持平衡"，如何保持平衡？我都不知道。

后面又有人说：

"骑自行车嘛，你可以找个下坡的地方，跨上自行车，猛踩脚踏板，径直往前冲，你就不会摔下来，然后你就会了。"

嚯！我听完之后直接吓出一身冷汗。

还有的人跟我说：

"骑在自行车上难免有要摔下来的时候，不过当你察觉到要摔下来时，两只脚立马往地上一蹬，就摔不下来了。"

这个经验倒是有用，不过对我形成了巨大的刺激。我家只有一辆老牌的永久自行车，大三角架的那种，就我这"海拔"，这小短腿，我够不着哇！这个经验对他是有用的，对我来说却是无效的（见图 1-7）。

图 1-7　小短腿骑自行车

你发现没有，"骑自行车"这么简单的一件事情，要想获得有效的指导其实也挺难，要么说正确的废话，要么跟没说一样，再不然就是误人子弟的话，或者他的经验对我不适用。可见，要复制高手并不是一件容易的事情。

之所以很难复制，这里面有一个非常重要的原因，就是高手对自己的经验和做法日用而不知，他干得很熟练，可是往往形成的是一些隐性知识，是一种不假思索的直接反应，甚至是一种肌肉记忆。另外一个原因是，每个人的经验，可能都是自己的独门绝招，它适用于特定对象、特定时间、特定情况，只要换个人、换个时间、换个场所，很可能就不管用了。这是我们在萃取组织经验复制高手的时候，遇到的典型难题。

那该如何破解呢？

这就需要我们通过"隐性知识显性化，零散经验系统化"来解决。这个解决思路来源于两个模型的启发。

其一是野中郁次郎曾提出的"知识创造 SECI 模型"（见图 1-8）。这个模型表示知识创造有循序渐进的四个阶段，分别是潜移默化（Socialization）、外部明示（Externalization）、汇总组合（Combination）和内部升华（Internalization）。

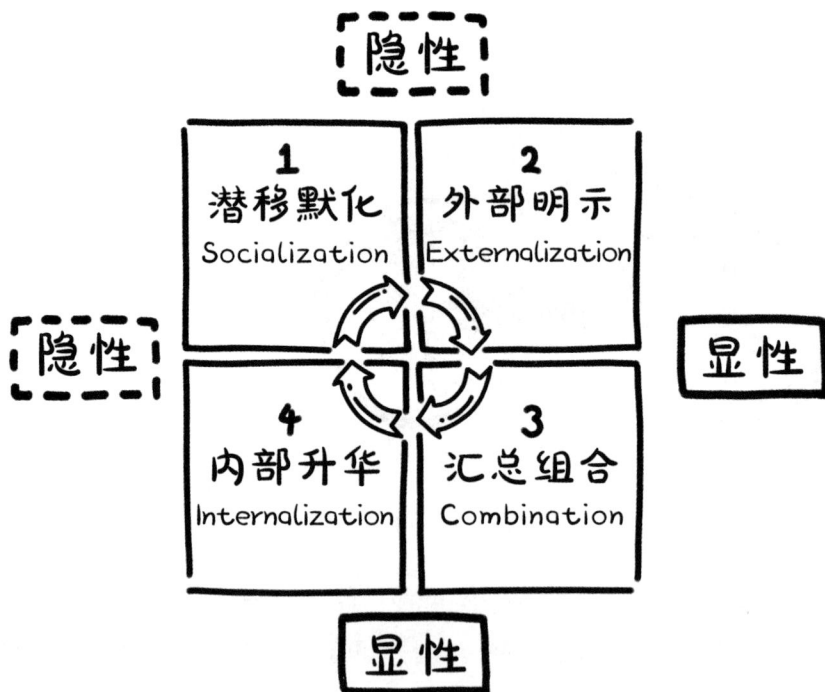

图 1-8　知识创造 SECI 模型

1 潜移默化：通过观察、模仿和实践获得隐性知识。

2 外部明示：推动隐性知识显性化，并用文字、图片或视频等各种方式表达出来，使其可传播。

3 汇总组合：整合这些已经显性化的知识，从个性中提炼共性，将零散的变成系统的。

4 内部升华：通过学习、实践，使知识内化成能力，并努力实现"青出于蓝而胜于蓝"，创造出新的知识。由此进入下一轮循环，不断迭代，持续螺旋式上升。

其二是大卫·库伯提出的"经验学习圈"模型（见图 1-9）。这个模型讲述了人们通过感知和体验，获得具体经验。这些具体经验经过观察和反思后，再进行抽象概括，就会形成一整套的方法。将这一整套的方法付诸实践，一方面可以验证方法的可行性，另一方面通过创新又可以获得新的具体经验。如此循环往复，就可以不断提升人们的认知水平。

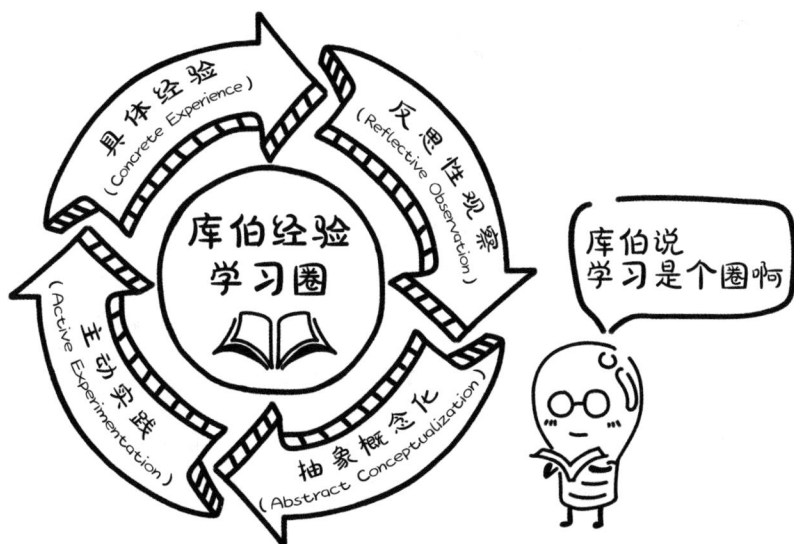

图 1-9　"经验学习圈"模型

这两个模型有着异曲同工之妙，我们将这两个方法论融合，再加上大量的实践，总结提炼出了 4D 组织经验萃取模型（见图 1-10），它包含界定主题（Define the topic）、挖掘素材（Discover materials）、萃取智慧（Distill wisdom）和设计方案（Design a project）四个步骤。

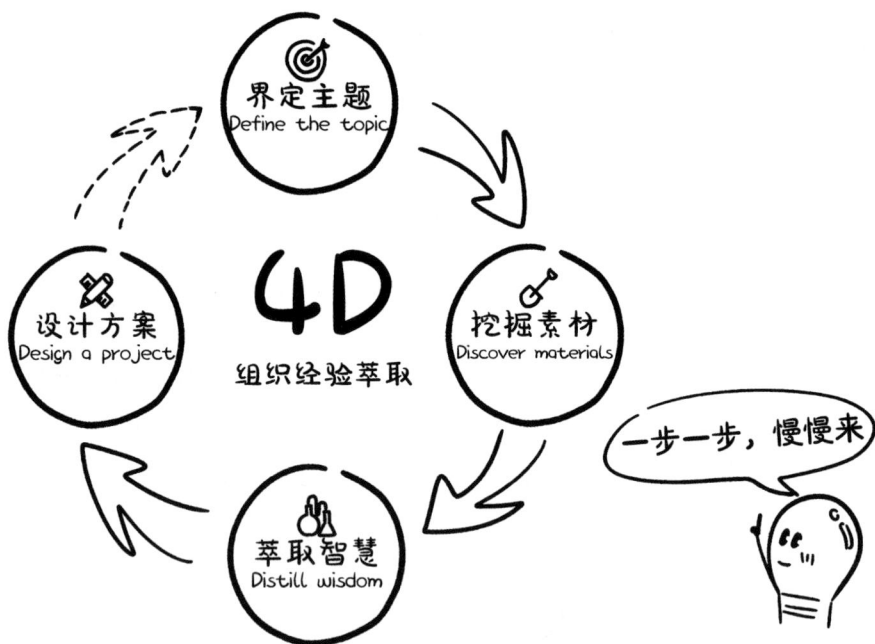

图 1-10　4D 组织经验萃取模型

❶ 界定主题（Define the topic）：哥德尔"不完全性定理"中的第一定理告诉我们，任何一个体系能有效运作，一定是内部逻辑自洽的，而任何一个内部逻辑自洽的体系，一定有自己的边界，出了这个边界，这个逻辑将有可能失效。因此，在总结"经验"之前，要先明确主题并界定其适用的场景。

❷ 挖掘素材（Discover materials）：为了设计出一个行之有效的高品质解决方案，必须充分挖掘具有典型性的正、反案例作为素材。这些案例既可以直接来自萃取者的亲身实践，也可以间接来自组织内的其他员工。通过回忆自身经历或访谈他人，获取第一手资料后，整理成案例材料。

3 萃取智慧（Distill wisdom）：借助案例这个素材透过现象看本质，系统分析事件背后的成功关键因子，生成"道、法、术、器"一体的高品质解决方案。

4 设计方案（Design a project）：从实践中来，提炼出了解决方案，这只是完成了"输入"的工作，还需要到实践中去，通过"输出"将组织经验转化成实打实的成果。整个转化过程，需要用绩效改进思维以终为始地展开工作，并且遵循 PDCA 形成闭环。

4D 组织经验萃取模型是经过企友咨询团队反复实践验证的原创方法论，以企业业绩增长为导向，不仅有即学即用的集约式设计，还有个人式萃取（自萃）、共创式萃取（群萃）、访谈式萃取（萃他）和混合式萃取（混萃）等多种形式满足差异化需求，在此过程中有多重校验保障萃取成果的有效性，最终确定系统性的解决方案。

具体怎么运用 4D 组织经验萃取模型呢？接下来，我将一一为大家拆解。

笔 记

第2章
D₁ 界定主题

想一想

1. 怎样的主题适合萃取？

2. 如果可以萃取的主题很多，该优先选择哪些主题呢？

上一章跟大家分享到，要通过隐性知识显性化、零散经验系统化，获得组织经验。具体用什么方法来获得呢？就是用我给大家介绍的 4D 组织经验萃取模型，通过界定主题、挖掘素材、萃取智慧和设计方案四个步骤完成萃取。读者朋友可能会很好奇，为什么我们要把界定主题放在 4D 的第一步呢（见图 2-1）？

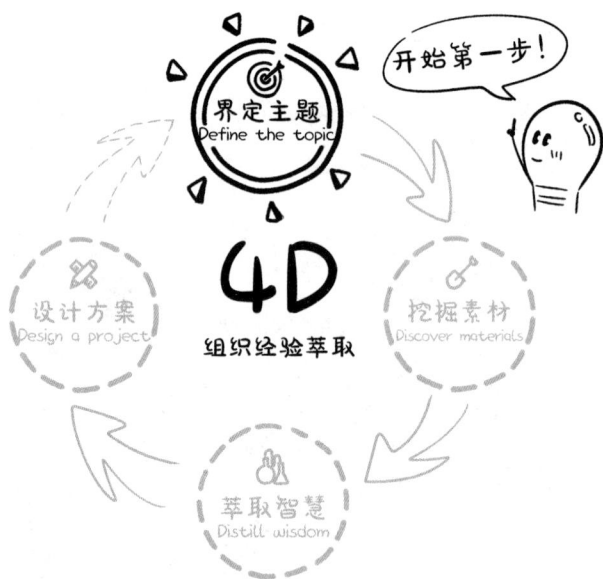

图 2-1　4D 模型第一步

著名管理学大师德鲁克在其著作《卓有成效的管理者》中说过："做正确的事情，往往比正确地做事更重要。"亦有一句俗话说："选择不对，努力白费"。由此可见，在萃取的一开始甄选萃取主题、明确工作方向尤为关键。

话说有个"神枪手"来到一个靶场打靶，一进靶场，他顿时傻眼了，为什么呢？因为迎面而来的是大大小小无数个靶心，并且有些清晰、有些模糊，到底该往哪打呢？在他的射击生涯中，打靶从来都是场地中间有一个非常清晰的靶心，外面有好几环，明确地标示出了在什么范围内能够得分。在组织经验萃取中也是一样，同样需要找准靶心、明确得分范围。这一章就跟大家分享这两个问题。

2.1　选题标准与主题产生方式

首先，甄选高价值的主题。我们先来看几个主题，大家判断一下这几个主题适合不适合用来做萃取的主题（见图 2-2）。

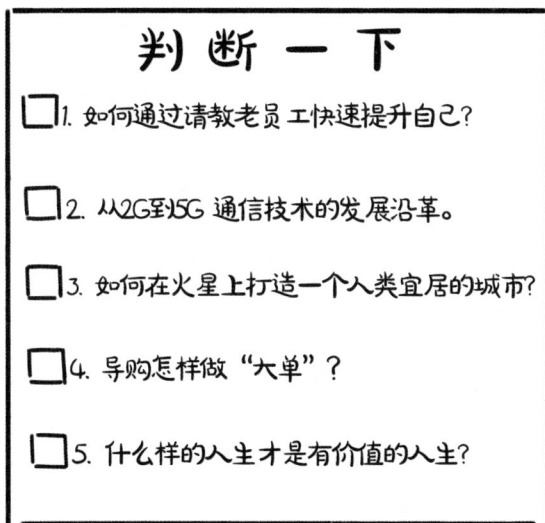

图 2-2　五个主题

想一想，这五个主题有哪些是适合的呢？

揭晓答案！ 2、3、5 这三个不适合。为什么呢？

一般来说，萃取的主题需要符合三个基本原则。

第一 它应当是一个需要完成的工作任务或者是一个待解决的实际问题。

第二 它必须要有明确的成果输出，而且我们能够建立对成果进行有效衡量的标准。

第三 组织有基于这个主题的典型实践案例。

像第二个主题"从 2G 到 5G 通信技术的发展沿革"，这是一个知识类的主题，它不是任务也不是待解决的问题。

第三个主题"如何在火星上打造一个人类宜居的城市"，目前为止我们还没干成过，缺乏实践案例。

而"什么样的人生才是有价值的人生"这个主题，坦白地说，每个人的人生都是自己定义的，是否有价值也是自己说了算，这意味着无法建立明确的衡量标准。

因此这五个主题里只有第一个和第四个适合作为萃取主题。

那么，从哪里产生这些选题呢？给大家支两招，一招"自上而下"，二招"自下而上"。

"自上而下"这招主要是管理者自上往下对目标或任务层层剥洋葱式的分解，有三种不同的做法（见图 2-3）。

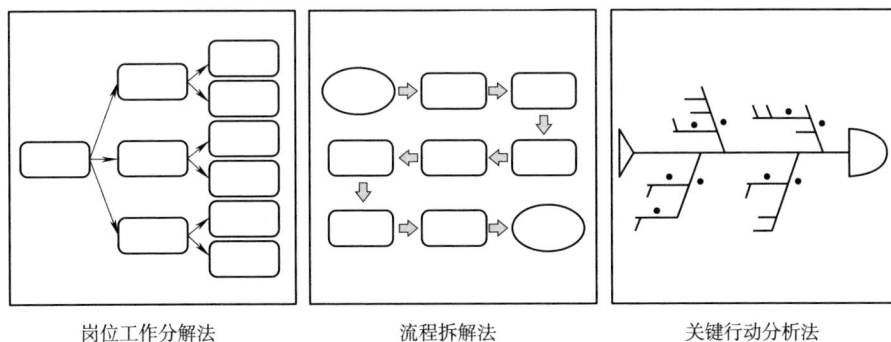

岗位工作分解法　　　　　流程拆解法　　　　　关键行动分析法

图 2-3　"自上而下"的三种做法

做法 1：岗位工作分解法。每个岗位都会有自己的职责，每个职责又包含多个工作任务，每项任务还可以往下分解为若干个子任务，每一项工作任务乃至每一个子任务都可以成为一个萃取主题。以某银行综合柜员岗位员工为例，可以将其职责拆解，具体如表 2-1 所示。

表 2-1　某银行综合柜员岗位职责

序号	职责	任务		子任务	
一	办理个人现金收付结算业务	1	办理存/取款业务	①	本币存/取款
				②	外币存/取款
				③	大额存单
				④	支票取现
				……	……
		2	办理转账业务	①	行内转账业务
				②	跨行转账业务
				③	跨境转账业务
				……	……
		3	办理结算业务	①	国内结算业务
				②	国际结算业务
				……	……
		4	其他现金业务	①	本外币兑换业务
				②	假币收缴、损币兑换
				③	ATM 加钞、吞没卡的收取与领取
				……	……

续上表

序号	职责	任务		子任务	
二	办理个人账户相关业务	1	办理开户	①	指导客户正确填写开户申请表
				②	收取、核查开户相关资料
				③	完成并确认人员身份识别无误
				④	系统查询办理条件
				⑤	开户信息录入系统、提交审批
				⑥	同步开通手机银行、网上银行等配套功能
				⑦	开户成功后询问其他业务
				……	……
		2	办理销户	①	指导客户正确填写销户申请表
				②	账户内现金余额转账或取现
				③	完成销户手续并当面剪卡销毁
				……	……
		3	办理账户查询业务	①	余额查询
				②	账单查询
				③	交易流水查询并打印
				……	……
		4	办理账户管理相关业务	①	密码重置
				②	信息变更
				③	挂失、换卡处理
				④	短信通知
				⑤	睡眠账户激活
				……	……
		5	手机银行相关操作	①	指导客户正确填写手机银行开通申请表
				②	办理手机银行、网上银行的渠道开通
				……	……
三	完成每日现金结算与盘库，确保对账平衡	1	现金结算	①	日终清点现金、捆扎
				……	……
		2	盘库	①	盘点现金、凭证、存单等
				②	清查业务单据，确保收支账务平衡
				……	……
		3	错漏等异常处理	①	业务纠错
				②	账务异常报送与追讨
				……	……
		4	移交	①	日初接收运钞车钞箱
				②	日终移交钞箱入库
				……	……

续上表

序号	职责	任务		子任务	
四	开展柜面营销工作，完成销售指标	1	销售基金产品及相关操作	①	推介基金产品
				②	购买基金产品操作
				……	……
		2	销售理财产品及相关操作	①	推介理财产品
				②	购买理财产品操作
				……	……
		3	销售信用卡及相关操作	①	推介信用卡
				②	信用卡开户操作
				……	……
		4	销售保险产品及相关操作	①	推介保险产品
				②	保险出单操作
				……	……
		5	销售贵金属产品及相关操作	①	推介贵金属产品
				②	购买贵金属产品操作
				……	……
五	人行、司法配合	1	人行反洗钱	①	资金大额预警，反洗钱报送
		2	司法配合	②	配合法院、公安机关进行账户查封、冻结、扣划
		3	……	……	……
六	完成上级交代的其他任务	…	……	……	……

从岗位到职责，从职责到任务再到子任务，一层一层往下分解后，与"综合柜员"这个岗位工作相关的萃取主题全都一目了然地浮现出来了。既可以是颗粒度比较大的"办理开户"，也是可以颗粒度比较小的"重置账户密码""日初接收运钞车钞箱"等。

做法 2：流程拆解法。 成熟的组织内部都有大量工作流程。将流程分级列出，大流程、子流程、流程中的一个片段甚至单个关键环节都可以成为颗粒度大小不同的一系列萃取主题。以"招聘新员工"为例，这项工作大致按照图 2-4 的流程开展：

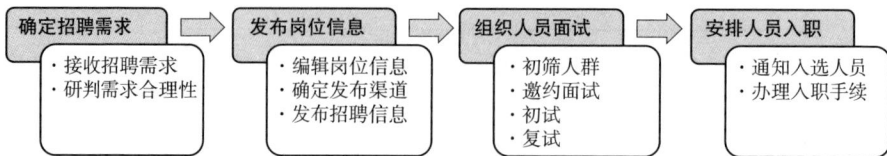

图 2-4 招聘新员工流程

其中，类似"确定招聘需求"这样的可以作为颗粒度较大的萃取主题，而"办理入职手续"可以作为颗粒度较小的萃取主题。

做法 3：关键行动分析法。 聚焦某一问题或任务，分析其原因或影响因素，从大到小层层剖析，确定出根本原因或重要影响因素，然后转化为关键行动。这些关键行动都可以考虑列为萃取主题。以"产品及时交付率不达标"为例，我们用鱼骨图 ⑥ 的方式进行分析（见图 2-5）。针对"人员技能不熟练"的关键行动"如何提升生产人员技能熟练度"就成了一个可选的萃取主题。

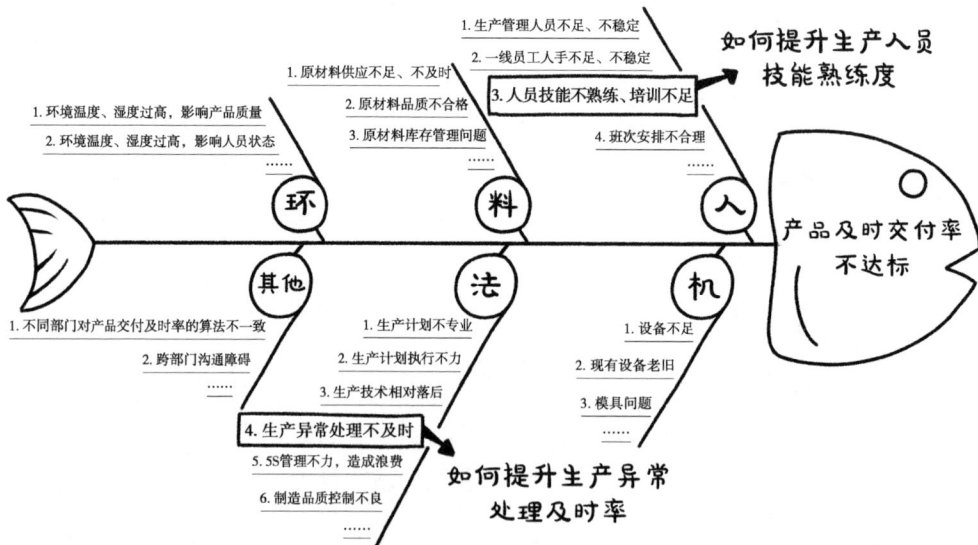

图 2-5 鱼骨图

---

⑥ 鱼骨图（Fishbone Diagram），由日本管理大师石川馨先生所发明，故又名石川图，原本用于质量管理，是一种透过现象看本质的分析方法。

　　而"自下而上"这招则是围绕一个大主题，通过运用头脑风暴等方式，组织团队成员罗列出实际工作中的痛点问题，然后将这些痛点问题进行规整、分类，再进行投票产生萃取主题集。我们通过案例一起来感受这个过程（见图2-6）：

　　换季在即，为了清理库存，A公司将在各区域市场同步举办大型特卖会。针对如何成功举办特卖活动，公司市场部和销售部除了制定促销政策、提供框架性活动方案，还组织了大区市场专员和城市营销经理就大家关心的痛点问题展开经验萃取，进行交叉赋能。他们借营销月例会的机会，以研讨的方式产生了10个最核心的萃取主题。

图 2-6　萃取主题产生

　　"自上而下"和"自下而上"这两个招式之间有什么区别？用哪种方法更好呢？应该说，前者比较注重系统性，而后者比较注重针对性，两者并没有好坏之分，只是根据目的和场景的不同各有适合罢了。这就好比攀登珠穆朗玛峰，有些人选择走南坡，有些人选择走北坡，但最终都会在峰顶相会。

当下这个时代，不确定性是最大的特征之一，很多东西瞬息万变。我们需要保持敏捷、直击要害，才能跟上变化的节奏。因此，我们比较主张大家能够全局规划、分步实施、打仗优先、兼顾建设。说得更通俗一点，建议大家在做主题规划的时候，自上而下为主，就像搭书架一样，先把书架的轮廓、结构功能单元粗略地规划出来，但是在具体实施的时候，先买急用的书，把它们先用起来去解决眼下的业务问题，用完再归位到应该在的位置上，逐步把整面书墙攒出来，也就是上上下下两相结合，综合输出我们的萃取主题集。

2.2 如何确定萃取的优先序

经过"自上而下"或"自下而上"分解出来的主题可能有几十上百个，可每个团队的资源都是有限的，显然没办法在一个时间段里同步萃取全部组织经验。饭得一口一口吃，萃取工作也得少吃多餐，并且按照轻重缓急排出个优先序来。

要想少吃多餐，首先要保证的是颗粒度适合，容易吞咽好消化。

我们依据颗粒度从大到小将主题分为了五个级别（见图 2-7），分别是超大颗粒主题、大颗粒主题、中颗粒主题、小颗粒主题和微颗粒主题。以银行网点的萃取主题为例，我们将"如何推动对公业务提质增量"划为超大颗粒主题，因为这是一个与组织 / 团队的整体运作、持续经营相关的话题，复杂度高，时间、空间跨度大，涉及的部门 / 岗位比较多。与此相似，"生鲜电商如何新开前置仓""产品研发中怎样打造爆款"这样的主题都可以视为超大颗粒主题。我们将"如何做好对公业务新客户开发"划为大颗粒主题，因为它是涉及多个岗位协作完成的特定项目或者单一流程。中颗粒主题和小颗粒主题一般是某个岗位的某项工作任务／子任务，微颗粒主题则是完成任务过程中某个关键环节的小技巧或小妙招。比如"初次约访如何不被客户拒绝"的颗粒度就非常微小了，有些老师非常形象地称之为"一招鲜"。

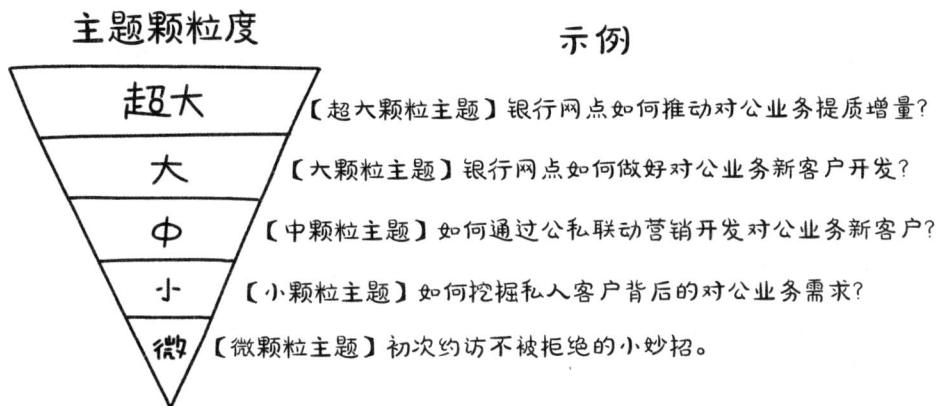

主题颗粒度　　　　　　**示例**

超大	【超大颗粒主题】银行网点如何推动对公业务提质增量？
大	【大颗粒主题】银行网点如何做好对公业务新客户开发？
中	【中颗粒主题】如何通过公私联动营销开发对公业务新客户？
小	【小颗粒主题】如何挖掘私人客户背后的对公业务需求？
微	【微颗粒主题】初次约访不被拒绝的小妙招。

图 2-7　颗粒度

管理者在团队内部自行组织开展经验萃取，我们建议优先选取中、小、微这三级颗粒度较为合适。一方面，这个颗粒度的主题萃取工作量比较适中，有点挑战但"跳起来够得着"；另一方面，萃取出来的成果更易于落地转化，见效更快，更容易给团队成员带来成就感。如果你发现所选的主题偏大，也不必担心。除了可以使用前面介绍的岗位工作分解法、流程拆解法、关键行动分析法进一步细化，还可以通过"层别法"按照具体场景进行有效聚焦。

比如，要对"如何更好地挽留离职员工"这个主题进行聚焦，可以将对象（Who）作为层别标准，聚焦到"如何挽留管理者""如何挽留基层员工""如何挽留高绩效的优秀员工"；也可以依据对象离职的原因（Why）进行层别划分，细分为"如何挽留辞职去竞争对手那里工作的人""如何挽留那些辞职去创业的人""如何挽留想要离职转行的员工"等。

如果管理者想一步到位，直奔超大颗粒的主题做萃取，也不是不行。我倾向于建议管理者借力使力，邀请专业机构的资深萃取师"共襄盛举"，组建项目团队，打组合拳，用偏咨询的方式单独立项实施。

调整好颗粒度后，还有一个关键动作，即规范萃取主题的表述。萃取主题最好能统一表述为"主语＋如何/怎么＋动词＋定语＋宾语"，比如"销售主管如何制定月度销售目标""导师如何指导刚入职的新人做好月度工作汇报"等。

接着说说如何根据轻重缓急排优先顺序。送给大家一句特别好记的话：

有人关心（新）你的痛。

"有人"的意思就是，萃取的前提是得有人能做这个主题的萃取工作。一方面，内部一定要有人有与主题相关的实践经验，而且应该有成功案例，成功案例要多多益善。另一方面，这些经验丰富的业务专家在这个时间段内得有时间和精力配合做组织经验萃取的工作，或者至少要有合适的人可以向业务专家萃取，如果全都没有，恐将陷入"巧妇难为无米之炊"的困境，可以一票否决了。

"关"，是指"当前的关键业务或关键岗位"。在完整价值链的企业里，按照微笑曲线，通常研发和营销肯定是关键业务。在 OEM（代加工工厂）里，和成本密切关联的采购以及和质量息息相关的品管就很重要。在物业公司，项目经理是个关键岗位。每个组织、每个团队的关键业务和关键岗位并不相同，关键看谁是核心竞争力所在、谁给组织创造了最大的价值。

"新"，是指工作中的新变化，或者未来发展（战略规划）提出的新要求。比如在 AI 迅猛发展的大形势下，各种智能化平台和智能化工具如雨后春笋般涌现出来。在内容生产领域，CHATGPT 可以帮你快速整合内容，Midjourney 可以快速生成插画，讯飞可以用各种语言完成自动配音，腾讯智影、剪映可以自动合成视频和配字幕，各家大厂提供的数字人还可以出镜替你当主播，整个业态正在发生翻天覆地的变化。因此 AIGC（AI-Generated Content，人工智能生成内容）毫无争议地成了以内容为主业的组织绕不过去的一个焦点话题。

"**痛**"，即痛点，指的是过去存在的关键问题，遭遇过的险、掉进去的坑、走过的弯路等。

在实际工作中，我们不妨用萃取主题评估表（见表 2-2），通过量化打分、强制排序的方式来决定它们的优先次序。

表 2-2　萃取主题评估表

评估项		基本标准（合适）	含金量高（重要）	上级支持（紧急）	可行性大（可行）
评估项描述	说明	① 是一个需要完成的任务或一个待解决的问题； ② 有明确的成果输出，并且能建立对成果进行有效衡量的标准； ③ 有基于这个主题的实践案例	符合至少一点： ① 和当前重点业务、关键岗位紧密相关； ② 是过去存在的关键问题； ③ 应对新变化或是未来发展的新要求	① 针对本年度公司存在的关键问题； ② 满足业务部门当前急需； ③ 公司明确要求	公司内有与主题相关且能投入足够的时间和精力进行萃取的业务专家；
	分值	一票否决。5 分—三项都符合；0 分—任一项不符合	5 分—完全相符；4 分—大部分相符；3 分—基本相符；2 分—小部分相符；1 分—不与任一项直接相关，但有一定关系；0 分—完全不符		

2.3　为萃取主题划边界

萃取的主题明确了，相当于枪手打靶锁定了靶心，接着要圈出得分范围。这时候，有些人就有疑惑了：为什么要多此一举划边界？选定主题不就可以了吗？

这个事情并不难理解，考考各位，比如我们经常说"点头 yes，摇头 no"，这句话一定是正确的吗？一般人都会觉得这当然对。但其实不一定，在一些国家和地区意思是相反的，即摇头表示"Yes"，而点头表示"No"，并非全世界都是"点头 yes，摇头 no"（见图 2-8）。

图 2-8　对对对

再问大家一个问题，1+1=10 是对还是错？大家肯定会说，这个问题我幼儿园的时候就能回答了，肯定错。但也不一定，在十进制的情况下，1+1=10，那是错的。可是，如果用二进制的方式来做这道题，1+1=10 却是正确的，是不是惊呆了？

从上面的分析发现，其实并没有绝对的东西，有些东西之所以正确，之所以成立，往往是有边界、有前提的，这就跟哥德尔第一定律里面说的一样，任何一个体系都是逻辑自洽的，有着自己的边界，如果出了这个边界，这个逻辑很有可能就失效了。萃取主题也是一样，因此我们要界定好主题的边界。主题的边界需要从哪些角度去界定呢？

必须认真思考四个关键问题：

第一　For Whom（解决方案的用户），这个萃取主题适合谁使用？谁是直接对这个事情负责的关键对象？有没有协同配合的辅助对象呢？

第二　For What（场景 + 需求），这个经验能够用来解决什么问题或者完成什么任务？是在什么情况下使用它？

第三　Input（输入或前提条件），上游环节输入的资源或者它需要具备哪些前提条件才能够生效？

第四　Output（输出或成果），有什么成果可以产出，而且这个成果是好还是坏，它的判断标准是什么？

只有把这四个关键问题理清楚，我们才能够明确地描述它在什么范围内是可以得分的。比如"如何快速将 Word 转化为 PPT"，用四个关键问题可以这样对它进行界定。

第一　它是给谁用的？是给那些需要将 Word 转化为 PPT 的人用的。

第二　它是用来做什么的？用来快速将 Word 转化为 PPT。

第三　它有没有一些前提条件或者必须具备的一些基础？有，比如需要有一个已经做好的文档，以及电脑上装有 Word 和 PowerPoint 两款软件，使用者要比较熟悉基本的电脑操作，我们把这些称为前提条件。

第四　它有什么输出或成果？能够生成一份和 Word 文件对应的 PPT 文件，而且用时正常的情况下，根据我们的方法不能超过 10 分钟。这就叫划定了主题的边界（见表 2-3）。

表2-3　萃取主题边界表

萃取主题	如何……
受众对象	核心使用者 + 辅助使用者
应用场景	在什么场景下，用于解决什么问题 / 完成什么任务
输入条件	……（上游输入的资源或必须具备的前提条件）
输出成果	……（完成后的成果输出及衡量标准）

───── 【案例】某萃取主题划边界的前后对比 ─────

修订前（见表2-4）：

表2-4　原始表

萃取主题	出具财务报表效率
受众对象	财务人员
应用场景	提高出具报表效率，快速支持经营决策
输入条件	明确的报表完成时间和对报表的要求
输出成果	提前完成报表出具

分析：

1. 主题：作为一个任务或待解决问题，建议用"主语 + 如何 / 怎么 + 动词 + 定语 + 宾语"来表述，不过表中已有专门描述受众对象的位置，故主题处可省略"主语"，表述为"如何提高出具财务报表的效率"。

2. 受众：负责最终出具财务报表的财务人员是主要受众，但影响出具财务报表效率的不仅是财务人员，协助收集和提供原始数据的业务部门接口人也应该列上去，作为辅助受众。

3. 应用场景：这个主题的经验可以用来在什么场景下完成什么任务或解决什么问题。"在财务人员和业务部门接口人的共同努力下，提高效率，快速出具符合公司要求的财务报表。"

4. 输入：需要具备哪些前提条件才能够生效呢？除了表 2-4 中已经列明的事项，经过交流发现还需要公司的财务软件系统支持。

5. 输出："提前完成报表出具"是一个不够具体的标准，提前多长时间，提前到什么时候，都是不明确的。经过交流发现公司原本的要求是每月 4 日之前出具，但实际上常常需要延迟到每月 5 日。而应用这套好经验，可以帮助财务人员在每月 2 日下班前就完成符合公司要求的财务报表。

修订后（见表 2-5）：

表 2-5　修订后表

萃取主题	如何提高出具财务报表效率
受众对象	主：负责出具报表的财务人员； 辅：各业务部门的财务接口人
应用场景	在财务人员和业务部门财务接口人的共同努力下，提高效率，快速出具符合公司要求的财务报表
输入条件	① 明确的报表完成时间和对报表的要求； ② 公司财务软件系统
输出成果	完成财务报表的出具，并达到以下标准： ① 每月 2 日下班前完成； ② 报表符合公司的要求（包括准确无误）

界定主题是 4D 组织经验法的第一步，也是决定我们是否在做正确的事情的一步。当我们甄选出一个钻石级的高价值萃取主题，并且清晰、准确地界定其受众对象、应用场景、输入条件和输出成果时，管理者将有如"神枪手"在靶场找到了最重要的靶子，然后瞄准靶心，扣响扳机。耶！满分 10 分！

练一练

完成以下练习，看看您对本章内容掌握得怎么样？

请写下您想萃取的主题：

_____

请根据以下几条，判断这个主题是否适合萃取（见表2-6）。

表2-6　练一练

序号	萃取主题的原则	是否符合
1	它是一个需要完成的任务或者一个待解决的问题	☐是 ☐否
2	它有明确的成果输出，而且我们能够对成果建立有效衡量的标准	☐是 ☐否
3	您或您所在的组织有基于这个主题的典型实践案例	☐是 ☐否

只要有一条不符合，这个主题将无法萃取，请根据判断标准优化或重写一个萃取主题。

请尝试填写这个萃取主题的边界（见表2-7）：

表2-7　萃取主题边界

萃取主题	
受众对象	
应用场景	
输入条件	
输出成果	

第3章
D₂挖掘素材

想一想

1. 怎样的素材才算是含金量高的"矿石"？
2. 挖掘案例素材时，如何保证既不会丢失重要信息，又避免事无巨细、眉毛胡子一把抓？

　　想要挖金矿，得先找到矿床，而且最好优先选择富矿。在 D₁ 界定主题中，我们提到适合萃取的主题，其前提条件是组织有过实践。素材必须基于事实和数据，且需要有足够的质量和数量，才有可能从中萃取出高品质的组织经验来。现在正式进入第二个 D，也就是挖掘素材（见图 3-1），跟大家探讨如何用结构化的方法有质量地挖掘和还原素材。

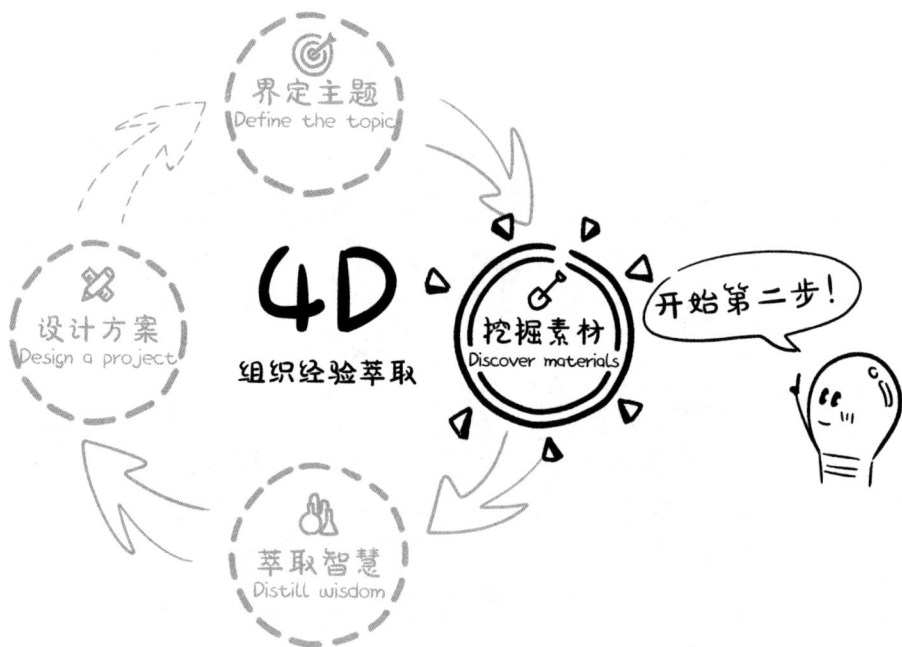

图 3-1　挖掘素材

3.1 选择和还原素材

有的人会觉得：还原事件还不简单，不就是回忆一下以前经历过的那些"故事"吗？真有这么简单吗？先来看看某公司业务员小周还原的事件，看看有什么"bug"。

"我可是催收账款的高手！五年前李总……哦不，是张总的公司欠我们 800 万元的货款，一直催就是不还，得亏我天天上门、软磨硬泡，不到半个月，张总就受不了，主动还清了账款！你说我是不是很厉害？"

大家看看这段牛气冲天的往事，适合作为案例素材吗？

（1）这是五年前的事情，在如今日新月异的时代，时隔五年可能很多情况都已经发生了变化，是否适合当下还不好说。

（2）有些信息不确切，到底是李总还是张总？

（3）有些表述非常笼统，没有细节。比如"天天上门、软磨硬泡"，具体是怎么做的，小周并未详细展开。

（4）整个过程中，小周自我感觉甚好。在这种情绪状态下的人，常常倾向于放大自己在一件事上的价值贡献，其分享的信息需要仔细甄别。

那么，究竟应该怎么做，才能把素材很好地进行还原呢？这里给大家总结了四个步骤帮助还原案例事件，分别是选取案例、浮现脉络、填充细节和编写案例（见图 3-2）。

图 3-2　还原案例的四个步骤

3.1.1　选取案例

可以用的案例素材很多，以至于选择困难症都发作了，该怎么办？与前面选取合适的萃取主题一样，建议管理者选那些含金量高的素材来进行还原。评判素材的含金量可以从以下四个维度进行（见图 3-3）。

图 3-3　评判素材含金量的四个维度

(1) **匹配度**。这是选择素材的基本要求，须符合场景要求，精准匹配萃取的主题。

(2) **新鲜度**。大家都知道如今的时代变化非常快，5 年、10 年前的很多东西跟今天比，已经非常不一样了。因此，要优先选择新的素材，建议选择两年以内发生的事件比较好。

(3) **代表性，也就是典型性**，主要表现在以下几个方面。

　① 同类事件不是百年难得一遇的，也不是唯独在一个人身上才会发生的，具有一定的普遍性。

　② 事件的结果够突出。比如销售业绩目标是 100 万元，结果完成了 200 万元。别人能连续几个季度当销冠就很厉害了，他连续三年每个季度都是销冠。客户要求误差不能超过 1‰，结果超越客户预期，直接控制到了 0.5‰ 范围内。

不过在"够突出"这个点上，有些人表达了不同的观点。他认为超越寻常的"杰出"可能与天时地利人和以及各种机缘巧合有关，可能与当事人天赋异禀有关，甚至可能是昙花一现，难以持续，通常不具备可复制性，处于中上水平的更有参考的价值，更容易推广复制。因此，不要老盯着销冠，而是应该更关注第二梯队的人。可谓"仁者见仁，智者见智"，读者朋友不妨在实践中去检验这个观点的科学性。

(4) **挑战性**。越是带来巨大挑战的点，越能体现当事人的智慧和经验，比如面对两难决策等。"山重水复疑无路，柳暗花明又一村"的事件要比一帆风顺的事件更有萃取的空间。

选什么案例素材已经知道了。那么，新的问题又来了，要选几个才够用呢？被誉为福布斯 20 世纪 20 本最佳商业畅销书之一的《基业长青》，为了探讨企业长生不老的秘诀，在书中以 18 组企业为案例（见表 3-1），从中总结出"高瞻远瞩"的公司所具备的特质。

表 3-1　高瞻远瞩公司与对照公司

高瞻远瞩公司	对照公司
3M	诺顿公司（Norton）
美国运通公司（American Express）	富国银行（Wells Fargo）
波音公司（Boeing）	麦道公司（McDonnell Douglas）
花旗银行（Citicorp）	大通曼哈顿银行（Chase Manhattan）
福特汽车公司（Ford）	通用汽车公司（GM）
通用电气公司（General Electric）	西屋公司（Westinghouse）
惠普公司（Hewlett-Packard）	德州仪器公司（Texas Instruments）
IBM 公司	宝来公司（Burroughs）
强生公司（Johnson & Johnson）	百时美施贵宝公司（Bristol-Myers Squibb）
万豪酒店（Marriott）	豪生酒店（Howard Johnson）
默克制药（Merck）	辉瑞制药（Pfizer）
摩托罗拉公司（Motorola）	真力时公司（Zenith）
诺德斯特龙公司（Nordstrom）	梅尔维尔公司（Melville）
菲利普·莫里斯公司（Philip Morris）	雷诺·纳贝斯克公司（R.J.Reynolds Nabisco）
宝洁公司（Procter & Gamble）	高露洁公司（Colgate）
索尼公司（Sony）	建伍公司（Kenwood）
沃尔玛（Wal-Mart）	埃姆斯公司（Ames）
迪士尼公司（Walt Disney）	哥伦比亚电影公司（Columbia）

　　本质上，作者詹姆斯·柯林斯、杰里·波拉斯耗时 6 年完成了一个关于企业如何基业长青的超大颗粒主题的组织经验萃取项目，《基业长青》这本书就是这个萃取项目的成果。通过这个例子，我们不难发现，一次好的萃取不能仅靠一个典型案例，而是要通过一组案例综合起来比照研究。

　　从效果上讲，案例素材当然多多益善，可是人的精力是有限的，需要讲究投入产出比。有没有具体的数量标准呢？给大家一个参考答案——"两正一反"，也就是选择一个典型的成功案例作为主案例，另外再搭配一正一反两个辅案例。这样"两正一反"的组合，就形成最基本的数量保障。

当然，有些时候，管理者手头上只有一个实操案例，希望根据这一个案例快速复制推广。这在实践中并非行不通，只是在使用萃取成果时要注意收集多方反馈，一边向前滚动，一边不断产生新的实践案例，持续对组织经验进行迭代完善。

3.1.2　浮现脉络

为什么选取完案例不是直接还原细节，而是先浮现脉络？盲人摸象的故事大家一定还记得吧？人一旦陷入细节，很容易发生一叶障目的情况，产生很多似是而非的错误认知。比如我们经常听到"闭门造车"，这一听感觉就是形容一个人不加实践不加调研，只管凭着想象自己瞎折腾。可是，事实上这句话完整的表述是"闭门造车，出则合辙"，意思是如果能够按照一定的标准、一定的规范来造车，哪怕是关起门来做的，出了门照样也能和路上的车辙完全符合，适应路况，这两个意思不大一样。

还有一句大家也很熟悉——"父母在，不远游"，是不是说父母在的时候我们就不能出门了？不，人家说的其实是"父母在，不远游，游必有方"。是什么意思呢？父母在的时候，我们尽量不要出远门，但是如果真的要出远门，一定要先跟父母亲报备。这种似是而非断章取义的情况，在我们的工作生活中非常普遍。

为了避免"不识庐山真面目，只缘身在此山中"的问题，我们需要跳出画外看画，也就是前面说的先浮现脉络。

具体做法如下：

首先标定一个事件的起点和终点，再把过程中发生的关键节点和里程碑事件标上去，形成整个事件的发展脉络。

有些人会说，我的案例时间周期非常长，不是一个月、两个月，而是一年甚至两年，那该怎么办？

这里先给大家讲个经典的故事：

日本有一位马拉松选手叫山田本一，他当年跑马拉松得了冠军，媒体去采访他，"请问先生您是如何跑赢马拉松的？"

山田本一说："我凭智慧赢得比赛。"

媒体都觉得他故弄玄虚，八成是碰运气得的冠军。没想到过了两年，他又得了一个冠军，媒体再一次采访他，这次他还是说"我凭智慧赢得冠军"。

几年之后，山田本一先生出了一本自传，介绍自己跑马拉松的心得体会，他说，"我从来不惦记42公里外的远方，我会提前走一遍，然后把赛程分成若干段，跑多远有一棵树，再多远有一座桥，再多远有一栋楼，我心里惦记着我先跑到那棵树、那座桥以及那栋楼"。

这个故事有没有给我们一些启发呢？没错，如果案例的周期很长，可以把整个案例分成若干段进行分别还原，这样我们心里就比较有把握了。

可能还有人会说，我的事件不仅有周期的问题，而且还涉及很多部门，很多工作模块，我该怎么办？

大家应该看过一种用来呈现跨部门流程的图示"泳道图"（见图3-4）。我们也可以把案例事件的脉络，结合时间线和部门这两个维度，画出整个事件的脉络图，然后依据脉络图进行还原，这样就好办了。

当我们把事件的脉络清晰浮现出来后，就不用担心一下子扎入细节，以至于忘了整体了。

3.1.3　填充细节

脉络只是一个"骨架"，我们还需要"血肉"，比如说本章开头小周催收账款的案例，小周不是说天天上门、软磨硬泡吗？怎么软磨硬泡的呢？这就需要继续挖掘细节。

从哪些方面来挖掘细节？这里给大家一个参考的角度，我们称之为5W3H（见图3-5）。

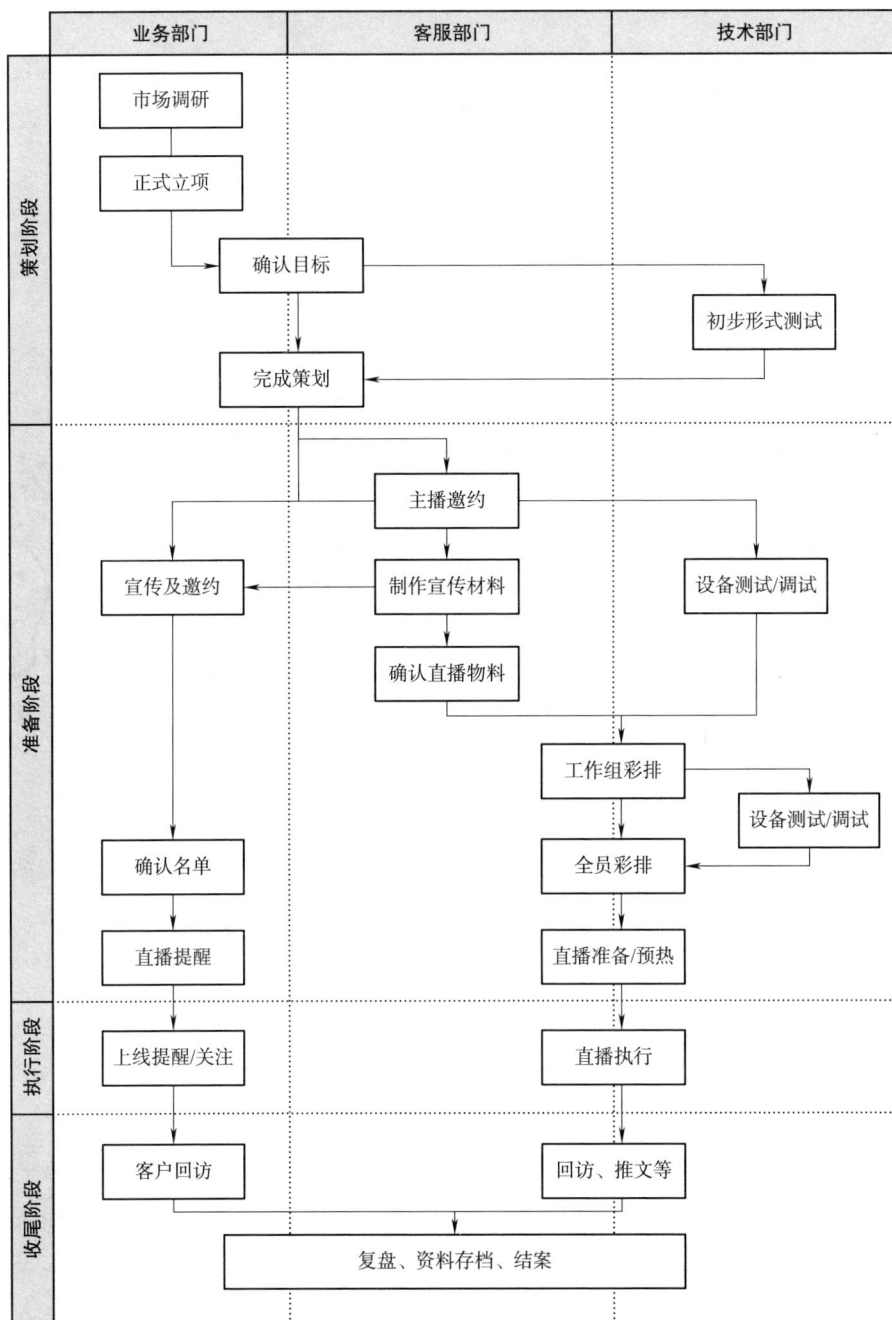

业务部门	客服部门	技术部门

策划阶段

市场调研 → 正式立项 → 确认目标 → 完成策划

初步形式测试

准备阶段

主播邀约

宣传及邀约 ← 制作宣传材料　　设备测试/调试

确认直播物料

工作组彩排 → 设备测试/调试

确认名单　　全员彩排

直播提醒　　直播准备/预热

执行阶段

上线提醒/关注　　直播执行

收尾阶段

客户回访　　回访、推文等

复盘、资料存档、结案

图 3-4　泳道图

5W3H

图 3-5　5W3H

另外，有图有真相，凡事得讲究证据，当初如果有留下一些类似文档、数据、图像、语音资料等，我们就应该尽可能地把它们收集起来，并补充到案例当中，让它成为案例的一部分。

───── **【案例】催款的细节补充** ─────

202×年，有一家公司催款成功被大家津津乐道。那是一家外贸公司，有一笔尾款×××万元，本来应该是4月份付，但没有如期到款。我几次联系他们的一把手张总，他要么假意承诺这个月肯定付清，要么找出一堆理由搪塞推托，一直拖了两个月，到6月了还没有付。其间，我也绞尽脑汁想了好几个办法……结果呢？结果大家也料到了，没有效果。

　　眼看马上就要 7 月了，公司给我下了最后通牒。怎么办？我愁得啊，吃饭饭不香，睡觉睡不着，连开车上班路上也在琢磨这事儿——当然这不值得学习，有一回琢磨得太专心差点追尾，吓出我一身冷汗。不怕大家笑话，我上网查了许多资料希望得到点启发，方法倒也是有一些，但是那些苦肉计、请专业收债公司等，咱们哪能用啊？好在功夫不负苦心人，有一天刷到一个搞笑视频倒是忽然灵光一闪，于是决定搞点"文明"的"特殊"手段，天天上门软磨硬泡。

　　具体怎么做呢？6 月中下旬，每天张总上班的时候，我就像他们公司员工一样准时到，跟着张总到办公室，也不吵他，就坐在办公室看报纸，时不时还给他倒个开水。到了午饭时间，张总去哪吃饭，我就跟到哪里的餐厅，下午又跟到办公室，照样自己看报纸和帮他倒水。到了下班时，等张总离开，我才跟着离开，他要走一走我就跟着他当"保镖"，他要访友我就主动扮演他的下属还提议买礼品……你们说张总怎么会让我跟着？他当然不乐意啊，但是大家都是文明人嘛，嘴上说得不好听，总归不会用暴力手段，而且真要在他们那闹开来对他们影响肯定不好。所以，不管张总态度如何、怎么对我，我每天都这么文明地"粘"着他。

　　还有一次，有一位客户来找张总，我故意装作接电话，大声说："哎哟，不好意思啊，我今天不在公司啊，我在张总这儿呢！他欠了我们一大笔货款拖了很久还没还，我觉得他也挺不容易的，不知道他们公司是不是发生了什么财务困难……"大家可以想象一下，张总的客户听到了会怎么样。一点想法都没有是不可能的，所以当时张总的脸都绿得要"吃人"了。后来那位客户没坐一会就匆匆离开了，紧接着张总气急败坏地来跟我说："算我怕了你了！放心吧，砸锅卖铁我这周也会把款付了，拜托你别再来了！"我当然赶紧感谢他，并且安抚他的情绪……

　　没两天，我记得很清楚是 7 月 ×× 日，星期 ×，这笔拖了两个多月的尾款终于到了，一分不少。

　　如果能把故事回忆到这种程度，就差不多了。紧接着，我们需要把这些信息整理编写成案例。编写案例的方法是什么呢？下一节我将具体说明。

3.2 编写案例

不管是从自己还是从他人身上收集素材，最终都需要将这些素材进行整理，我们建议将素材统一整理成案例的形式，一方面是为了统一形式，方便下一步萃取；另一方面是可以直接作为后续落地推广的素材之一。

那么，写出来的案例究竟应该长什么样呢？建议重点关注三个问题：格式、表达方式、信息处理。

3.2.1 案例的格式

先请各位做个选择题：用于经验萃取的案例，需要包含以下哪些要素？

☐ 标题   ☐ 摘要   ☐ 关键词

☐ 正文   ☐ 附录

建议是——全选。

下面我们具体分析。

1. 标题

一个好的案例标题可以用"吸引眼球的主标题 + 概括案例事件的副标题"来命名。

副标题的功能是传达准确的案例信息，应简要、准确并高度概括案例事件，比如事件的名称、关键词等。

而主标题为了吸引眼球，有多种表达方式，我总结了六种常见的主标题包装方式，具体如表 3-2 所示。

表 3-2　主标题包装方式列表

类型	说　明	举　例
数字法	数字化处理，创造眼球经济	30 秒识别客户的穿衣"气质" 建立"四个百万"销售系统
价值法	展示价值诱惑，直击信息点	一眼识别软件 BUG 一个让客户满意度稳在 98% 以上的神级操作
提问法	诱发思考模式，采用问句式	如何制定有效的新客开发方案？ 如何让提案一次通过？
热点法	加载热点效应，利用热点词语	"躺平式"获客 借 AI 东风，效率一路"狂飙"
角色法	将案例主角比拟为经典的角色	复制熊猫"花花"的顶流之路 做唐僧一样的精神领袖
类比法	借助熟悉的事物理解不熟悉的事物	学会"剥洋葱"——某某通过有效提问深挖客户需求

特别提醒：使用类比法标题时，要注意类比物的精准以及地区、文化差异等影响。比如对大多数人来说，对包子和馒头都有认知共识——有馅儿的叫包子，没馅儿的叫馒头。

但在有些地区，肉包叫肉馒头，菜包叫菜馒头，生煎包叫生煎馒头；更有甚者，还有地方，管包子叫馒头，管馒头叫包子……要是给案例冠以"馒头"之名，但内容其实说的是"包子"，那就完全不是同一个概念了。

2. 摘要

摘要指的是正文之前，简要说明案例内容的一段文字，即案例梗概。建议字数在 150 字左右，且不分段。

3. 关键词

关键词指的是从案例中摘取或提炼出来的，对表达案例关键信息有实质作用的词汇，方便归类、检索。常用的有与案例相关的事件、公司/部门、人物、经验主题等，比如用于同一个经验萃取主题的案例，一般同样标记有该经验萃取主题关键词。

案例关键词一般是名词性的词或词组，有时也有动词性的词或词组，总体要短小精悍，且无须太多，一般 3 ～ 5 个即可。

比如一个"如何进行线上访谈直播活动的策划"主题，其关键词可能有：线上访谈、直播活动、策划等。

4. 正文

这是整个案例的主体，自然是最为讲究，也是最有挑战的，要承载前面梳理的脉络和挖掘的细节。用什么形式来呈现好呢？

如果有做过招聘工作或者参加过面试的伙伴，应该对一个工具并不陌生，即"STAR 结构化提问法"。这个工具主要用来在面试中了解应聘者过往的工作行为，是一种效率较高的面试技术，在此我们借用这个工具，将其中的"T"改为"SCQA"中的"C"，改造为"SCAR"案例编写法。

Ⓢ Situation，背景，即事件涉及哪些人员，发生的背景是怎样的。

Ⓒ Complication，冲突，即事件实际面临的困境或冲突是什么。

Ⓐ Action，行动，即事件从头到尾都经历了哪些阶段，各个阶段具体有哪些行动。

Ⓡ Result，结果，即事件的结果或目标完成情况以及相关方的评价如何。

这里的 R 既可以是阶段性的结果，也可以是整个案例事件的结果。比如本书开头的案例，整件事情的最终结果是：

这个过程虽然花了不少时间精力，但磨刀不误砍柴工，到了下一季度，张华所带的团队提前两周顺利完成了公司下达的业绩目标。最重要的是，张华再也不像起初那样焦头烂额了，越干越井井有条，甚至找到了几分庖丁解牛那种游刃有余的感觉。

张华紧缩的眉头终于打开了，心底的自信透出在脸上，化作灿烂的笑容。

围绕这四个维度，就可以记录整理出整个案例（见表 3-3）。

表 3-3　SCAR 案例记录表

Situation（背景） • 涉及的人员； • 事件发生的背景	
Complication（冲突） • 事件面临的困境或冲突	
Action（行动） • 事件的主要经过； • 采取的具体行动	
Result（结果） • 事件结果及各相关方的评价	

当然如果案例较长，不用局限于表格的形式，用上 SCAR 结构即可。且在实际事件中，并不只有一个 "SCAR"，更大可能是 "$SC_1A_1R_1 \rightarrow C_2A_2R_2 \rightarrow C_3A_3R_3 \cdots \cdots$"[⑦]。建议：

（1）仍然按照时间线梳理脉络。如果时间跨度较大，可以按照关键里程碑节点，将事件切分成若干个阶段分别展开。

（2）用上概括性的小标题或中心句，更加清晰。

（3）主体用前面提到的 5W3H 填充细节。

5. 附录

案例中所涉及的、未在 A 部分展示的表单、数据、图片、视频等，按需粘贴，如文件较大可仅在此罗列附件名称，另附附件。

比如某次关于案例的编写，部分参考资料如下：

（1）书籍：……

---

⑦ 事实上，大多数高难度工作的挑战并非只有一个，而是遇到一个，解决一个，不断遇到问题，解决问题，才取得了最终的结果。

（2）××经济管理学院·中国工商管理案例中心

●【案例写作方法】如何定位开头和结尾？—××大学经济管理学院案例中心

●【案例写作方法】再谈案例开头——如何匠心独运？—××大学经济管理学院案例中心

●【案例写作方法】案例标题的学问—××大学经济管理学院案例中心

3.2.2　案例的表达方式

案例的撰写是有其特殊要求的，具体如下：

1.第三视角

一个事件的发生一般不只有一位当事人，案例中除了"主角"外，一般也要尽量了解相关人员对这件事情的反应、反馈。因此，即使是亲历者，在案例中也建议没有"我"，只有姓名，用第三视角描述案例，"跳出画外看画"，尽量整合多方视角信息。

2.严谨纪实

一方面，要描述事实，而不是作者的感受和判断，特别是不要掺杂个人的情绪和价值取向；另一方面，使用通俗易懂的语言表达。

比如有一个人在案例里面写：

秀才对卖柴火的老农说，外实而内虚，烟多而焰少，请损之。

听得懂吗？听不懂。为什么？太深奥太晦涩。案例里坚决反对使用这种深奥晦涩的语言，主张用通俗易懂的语言表达，比如：

秀才对卖柴火的老农说，你的柴火外面看上去挺紧实的，其实里面乱七八糟的没有几根，而且这种水分多的柴火烧起来烟很多，火焰还比较小，请你打个折。

你看，这样一说大家都清楚了。

还有一些伙伴习惯铺陈华丽的辞藻，比如有个人写了这样一段话：

> 我苦练武功 20 年，上次遇到了一名壮汉，他使出了黯然销魂掌，我回了一个神剪手，我又给他一记空明拳，他回了我一招霹雳掌，大战几十个回合，终于将他制服。

听完之后是不是感觉梦回金庸的武侠世界？实际上他们俩没干什么事，就是在玩锤子剪刀布。

因此，建议大家在写案例的时候，要用严谨简练的纪实语言来完成整个案例的撰写。

3. 详略得当

一个事件发生过程中涉及的人员、动作通常有很多，但未必都和萃取主题相关，不必事无巨细面面俱到。

一方面，和萃取主题相关的情节关键节点详细描写，用各种素材充实细节。比如必要的对话，可以丰富案例的细节，增加第一现场感；必要的心理活动，可以引导阅读者探究背后的动机及思维模式；补充的数据、图表、图片 / 视频、相关报道与评价等，提升案例的可信度和信息的充分度等。

另一方面，和主题相关的非重点部分略写，无关的部分不写，且尽量平衡每个小标题下涉及内容的广度和顺序等。

4. 有场景感

案例本身可作为萃取成果之一在后续落地推广。从这个角度来说，阅读体验也很重要，要尽量让受众有场景感、代入感。

特别是，如果我们能够在开篇营造一些反差和认知冲突，将极大地激发阅读者的好奇心和思考。

比如本书开头的案例：

> 张华是碧涛公司小有名气的销售高手，由于业绩突出，三个月前被调往另一个城市公司，并晋升为区域营销经理。朋友们都羡慕张华才来公司不到两年，就有了独立施展拳脚的一方舞台。张华却每天眉头紧锁，一副焦躁不安、心事重重的样子。到底发生了什么呢？

评析：这一段讲的是张华刚刚升职，朋友羡慕他，他却有自己的烦恼，情绪关键词是眉头紧锁、焦躁不安、心事重重。这也是一种反差。让人不免好奇，到底发生了什么？

能够引起读者兴趣的情绪可以是积极的，也可以是消极的，可以是激烈的，也可以是平淡的，只要是对主人公情绪的描写，都有助于将读者带入他（她）的世界。

5. 控制篇幅

从篇幅来说，案例并无绝对的字数标准。通常主题颗粒度越大，案例所需的篇幅就越长。比如，一般一个微颗粒主题案例的篇幅通常在 1 000 字以下，一个小主题的案例篇幅为 1 000 ～ 2 000 字，太短了无法呈现关键细节，过长则多半掺杂了非关键内容，而且篇幅越长对读者阅读的耐心挑战越大。

3.2.3　案例的信息处理

根据各个案例的实际情况，有时需要对一些较为敏感的案例信息进行掩藏处理，避免引发争议、抵触或带来其他不良影响。

1. 组织或机构名称的处理

可以用英文大写字母代替或者使用一个虚拟名称等，同时注意避免让人联想到或误以为是另一家真实存在的企业。

2. 人物姓名的处理

可以使用姓名首字母或者化名等，并注意避免使用和当事人姓名相同的首字母，同时要尽量保留人物的性别及文化属性。

3. 时间或地址信息处理

某些时间或地点的改变可能会影响案例内容的可信度，这时就需要案例作者仔细斟酌，如地点的改变会涉及工资标准、当地规章制度、市场情况、天气因素等的变化。因此，案例中的时间或地址信息需要在不影响重要事实的情况下进行掩饰处理。

4. 数据信息处理

数据之间的关系比数据的数值大小更为重要，因此，如果销售额、成本等数据信息涉及公司机密，可以将这些数据同时乘以一个系数（如 0.93 或 1.1）或直接用百分比来表示。

用正确的格式、表达方式撰写案例，并进行必要的信息处理之后，可以用毅伟商学院案例检核的"9C"清单自检一下，具体如表 3-4 所示。

表 3-4　"9C"清单

序号	关键要素	检核内容
1	一致性（Congruence）	案例中有关产品、服务、过程或系统的术语是否和组织的真实情况一致。尤其是在我们对案例信息进行掩饰处理后，更应该注意其一致性
2	完整性（Completeness）	案例是否完整讲述了关于决策者和公司的故事； 是否疏漏了一些案例情节线索
3	连续性（Consistency）	案例信息的陈述是否符合逻辑且准确
4	正确性（Correctness）	写作时态是否为过去式； 是否存在语法、标点等方面的错误； 图标和附录标题是否采用了标准的格式

序号	关键要素	检核内容
5	简洁性（Conciseness）	在案例中出现的某些信息是否采用图表的方式更好； 能否用一个更加简洁的词组或单词表达
6	清晰性（Clarity）	用词是否精确并且清晰易懂，所选词汇在日常对话中是否广泛使用； 词语是否含糊或者有曲解的可能
7	控制（Control）	小标题选择是否恰当； 段落意思表达是否准确； 这些段落在每个小标题下是否被逻辑地组织了起来
8	连贯性（Coherence）	段落内及段落间的过渡是否符合逻辑
9	惯例（Convention）	案例写作格式是否符合标准

———— 【案例示例】————

××银行案例库之"大堂经理优质服务"系列

从扬言销户到增加业务——大堂经理如何快速化解客户不满

案例编号：××××××

一、内容摘要

20××年8月×日，一位客户想在××支行柜台取款，看似平常的业务不料闹得很不愉快，客户甚至扬言要直接销户。关键时刻，大堂经理李文急忙赶来，巧妙化解了这一冲突。

二、关键词

大堂经理·客诉·取款

三、案例详情

（说明：本文中出现的人名均为化名）

20××年8月×日这天，星期×，对大部分同事来说，又是一个平常的工作日。然而上午10点左右，××银行××支行的大堂里，气压忽然变得非常非常低。

起因是一位王先生想在柜台取款，不料最后闹得很不愉快，王先生甚至扬言要直接销户，究竟是怎么一回事？我们一起来看看在银行柜台发生的对话：

柜员："先生，请问您要取多少钱呢？"

王先生："30 万元。"

柜员："请问您有没有提前预约呢？"

王先生有点惊讶："啊，这个还需要预约吗？"

柜员："是的，这个我们有规定，超过 5 万元钱需要提前一天打电话预约的。"

王先生皱眉："你的意思是说今天这个钱我还取不出来了是吗？"

柜员："不好意思先生，我们网点今天确实没有这么大的现金库存了。"

王先生不悦地说："那你早说，我排队排了半天，你告诉我现在取不出来钱？"

柜员："不好意思先生，因为您没有提前预约，我们今天的业务量很大，库存确实没有这么多钱了。"

王先生生气了："找你们行长过来！银行账户里面的钱是我的个人财产，我有自由支配权，我想什么时候取就什么时候取，我想取多少就取多少，你们凭啥不给我取？！"

他的声音大了起来，大厅里有些人的目光开始看过来，柜员礼貌地打断了他："先生您冷静一下好吗？谁过来都是一样的，我们规定就是这样的。您可以现在预约明天取款。"

王先生气笑了："你的意思就是我这个钱是无论如何都取不出来是吗？"

柜员："是的。"

王先生怒道："就是因为我没有预约是吗？"

柜员："对，如果您昨天和我们预约了，我们一定会把这笔款项给您留下的，因为您没有预约，所以今天我们确实帮您办不了这笔业务了。"

王先生憋着火："好，那我今天就可以预约明天取钱是吗？"

柜员："可以的。"

虽然柜员全程都彬彬有礼、微笑服务，王先生还是爆发了，站起来把椅子一推："那好，我告诉你，我现在就预约！我卡里还有 100 万元，你明天给我准备 100 万元！明天来了，我要取款销户，存别的银行里去！"

大厅里所有人都听见了这边异常的动静，都看了过来，正当柜员不知所措的时候，大堂经理李文服务完上一位客户快步走了过来。

李文微笑着关切地问："先生您好，请问有什么需要我帮助的吗？"

王先生怒气冲冲："我要取钱，你们的柜员说我没有预约，银行还没有钱取不了，你们这么大一家银行连30万元现金都没有？谁信啊？"

柜员有点委屈："这位先生要取30万元现金，我们库存正好没有那么多了，而且他也没有提前预约。"

李文心知不能在大厅里众目睽睽之下处理这事情，当机立断："这样啊，先生，请您到我们的贵宾服务厅，我来帮您想办法好吗？来，在这边，请跟我来。"

李文领着王先生移步至贵宾服务厅。

李文："先生，您请坐，请问您要喝点温水、茶还是咖啡呢？"

王先生气还没消，随口回说："来杯水。"

李文倒了一杯温水双手递给王先生，并说："先生，您请喝点水。"

王先生接过喝了一口并未作声。

李文："先生，请问怎么称呼您？"

王先生："姓王。"

李文："好的王先生，您先消消气，刚刚我们的同事确实不对，没和您说清楚情况，我们这里只是一个小网点，在没人预约取大额现金的情况下，每天柜员现金箱只会预备30万元～40万元的现金，如果在没有预约的情况下，单笔就给客户提取这么多的现金，那会影响当天后面的业务，而且现在才上午，您看大堂现在还有这么多的客户在排队取款，这样也会损害其他客户的权益。这点一开始没跟您说清楚，真的非常抱歉，但同时我们也很重视您的需求，请问这30万元您今天一定要取现吗？"

王先生有点着急上火："必须的啊，这个是发给农民工的工资，他们习惯领现金的，这笔钱今天必须要发下去！"

李文："好的，了解，既然是给农民工兄弟的工资那确实不能拖。这样，我想了一下目前有两个方案能比较快地取到现金，您看看选哪个对您比较方便：

第一种方案，鉴于现在是上午，我们查一下目前网点可调配的库存现金，给您先取一部分，预计是 10 万元～ 15 万元，如您有其他的事情可以先回去。我们马上跟金库联系要求临时调拨现金，等现金到达我们网点，我第一时间给您打电话，您再过来取款，这是第一种方案；

第二种方案，我们同样按目前可调配的库存现金给您取现 10 万元～ 15 万元，我同时联系最近的网点，跟他们打好招呼请他们帮忙预留剩余的现金，然后帮您打车送到附近的网点取现。

您看这两个方案您选哪一种呢？"

李文一直保持微笑和亲和，王先生情绪也渐渐平复下来："方案一吧，我是不想到处跑了。"

李文："好的，这就帮您查询现有库存，同时联系金库，您请稍等。"

在李文的协调下，银行顺利帮王先生解决了临时取现 30 万元的问题。在等候业务办理的间隙，李文了解到王先生至今还需要亲自取款发放工人工资，于是他向王先生建议：

"王先生，我看您每次都得亲自取款发放工人工资，既费时费力，又耽误事情，我建议您可以让底下的工人兄弟都来开通银行卡，我们会手把手地教他们如何使用，并开通短信提示，甚至开通手机银行，这样就能随时查询银行账户。而王先生您呢，我建议您开通'代发工资'服务，每月由我们银行来帮你发工资，就不需要您每月到银行柜台取款发工资了，多省心省力。"

王先生疑惑："还能代发工资？我之前都不知道。"

于是李文又仔细地向王先生介绍"代发工资"功能……

最后王先生开通了"代发工资"，终于不用每月跑银行取钱发工资，有更多时间做业务了。他还组织工人们办理银行卡，开通了短信提示和手机银行，这下可以随时随地查询工资到账信息了。王先生对此表示非常满意。

案例点评：

一、注意避免踩的"坑"

1. 没有耐心倾听客户不满，而是一味强调没有 30 万元现金这个事实；

2. 没有主动承认自己工作的疏忽与不足，而且反复提到了客户没有预约的前提造成客户不能够提取 30 万元现金的事实；

3. 没能认真询问客户需求，总是在解释不能取到 30 万元的原因；

4. 没能及时隔离不满客户，既影响大堂的秩序，也不利于解决客户不满，因为越是人多的地方，人的情绪越难以安抚，所以要及时将不满客户与厅堂的其他客户隔离。

正面参考：

1. 大堂经理在处理客户不满时，紧紧抓住了客户的以下三点心理：

求关注的心理。人在不满抱怨时，更多的是需要倾听，而不是解释。

求尊重的心理。尊重客户的观点，从客户角度出发考虑问题。

求补偿的心理。真正了解客户需求，解决实际问题，才是安抚客户情绪的最好方法。

2. 在掌握以上客户心理的前提下，我们在化解客户不满时还要本着"先处理客户情绪，再处理客户行为，先跟后带"的原则。

3. 处理问题时，不能只局限于矛盾点死板地照章办事，而应该努力为客户提供整体解决方案。

综上所述，我们通过选取案例、浮现脉络、还原细节、编写案例这四个步骤把一个案例结构化地进行了还原。有了好的案例素材，就可以进入 4D 的第三步"萃取智慧"了。

练一练

完成以下练习，看看你对本章的内容掌握得怎么样。

1.（排序题）还原事件的正确步骤顺序是＿＿＿、＿＿＿、＿＿＿、＿＿＿。

①选取案例　　②编写案例　　③浮现脉络　　④填充细节

2.（判断题）还原事件过程中可以多润色美化内容。（　　）

A. 正确，这样阅读性更强

B. 错误，应当忠于事实

笔记

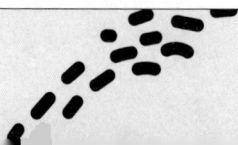

第4章
D₃萃取智慧

想一想

1. 如何透过现象看本质，找到案例背后的关键因素？
2. 经验萃取，最主要萃取些什么？

上一章，我们通过对案例的还原，获得了很多宝贵的案例，那是不是直接推广这些案例让大家"抄作业"就可以了呢？非也非也，仅仅靠员工各自看案例来习得经验，很可能会发生"一千个人眼里就有一千个哈姆雷特"的局面，使得最初推广的目的与结果大相径庭。

某大宗商品贸易公司曾经有这么一个案例：

公司销售团队里有一名 Top Sales（超级销售员），连续三年稳坐公司销售冠军宝座，而且销售业绩连年增长。从他的销售数据可以发现，排名第一的客户订单量大约是第二名的两倍。这个客户是怎么来的？他的一位好朋友透露了实情："没办法，颜值也是生产力啊，三年前，这家伙第一次去拜访那家客户，凑巧对方董事长的女儿也在公司，没有想到他们俩对上眼了，恋爱、结婚一气呵成，早就成一家人了！你想想，私营企业一把手的老丈人支持女婿发展事业，这有什么值得大惊小怪的呢？"

单身的员工 A 看了这个案例，恍然大悟："哦！原来做销售最重要的是找到有适龄女儿或儿子的大公司高管……"

清醒一点的员工 B 则觉得，这个案例完全没有参考价值。总不能所有的销售人员每到一家客户公司拜访，二话不说就揪着人家高管问："你女儿/儿子在吗？结婚了没？"

员工 C 则认为这个案例对自己很有启发：在项目管理中，上述例子中"董事长的女儿"不就是干系人吗？也就是 VIP——Very Important Person（非常重要的人）；和干系人结婚，不就是建立了稳固的信任关系吗？于是，可以得出一个结论：在开展业务的过程中，要善于跟干系人建立稳固的信任。这种方式完全可以复制，而且依据这一原则，还可以衍生出很多不同的具体做法。

因此，这些案例只能作为原材料，我们还需要对这些案例进行一系列萃取动作（见图 4-1），才能变成高品质组织经验。

那么，如何对案例进行提炼，且提炼出来的智慧以什么形式存在呢？这一章就跟大家说道说道。

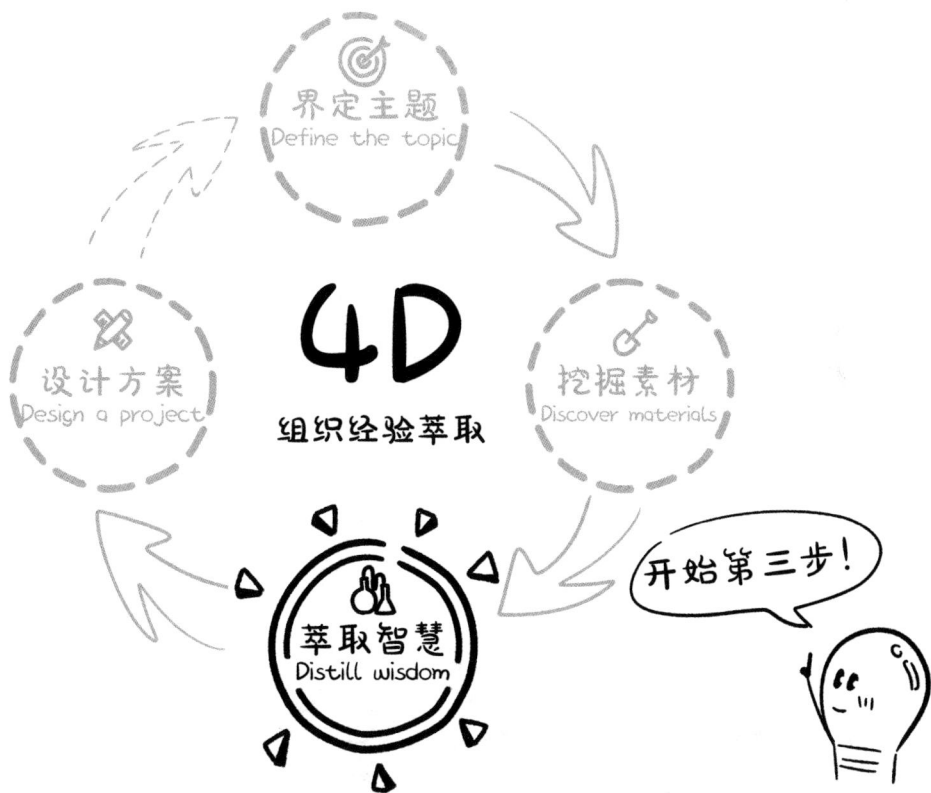

图 4-1　4D 第三步

4.1 从案例中提炼成功关键因子

有了案例之后，第一件事应该是透过现象看本质，去分析案例背后的关键因子，正面案例就分析成功的原因是什么，哪几个关键因素导致了案例的成功。反面案例就分析是什么因素导致了它的失败。由此分析出来并汇总的因素，就是事件的关键因子。

先讲个有趣的故事：

有一位科学家在研究一个议题：螃蟹的耳朵长在哪儿？经过一番研究，这位科学家宣称他终于发现螃蟹的耳朵是长在腿上的。嘿！有人就很好奇，这个结论怎么来的？那位科学家说："我做了对照实验。第一次实验，我把螃蟹放在桌上，对它大吼一声，这螃蟹撒腿就跑。第二次实验，我把螃蟹的腿剪掉，再大吼一声，发现这螃蟹不跑了，可见它的耳朵就长在腿上，要不然为什么剪掉腿之后它就听不见了？"（见图4-2）

听完之后你也许会哈哈大笑，这位科学家也太搞笑了。虽然这个故事有点夸张，背后的道理却值得我们深思。

图 4-2 螃蟹实验

我们对一个现象进行思考的时候，难免会走偏方向，方向错了，就会得出错误的结论。在提炼成功关键因子的过程中，这种情况也经常发生，我们称之为"挖偏了"。除此之外，"挖浅了""挖少了"的情况也比比皆是。比如有两个几何体摆在桌上，当我们从图 4-3 中①②③④四个不同的角度对它们进行观察的时候，我们看到的景象、获得的信息是各自不同的，这就好比在现实中，我们观察一个事物、思考一个问题，往往是从一个固定的、单向的角度进行观察和思考，这就容易导致认知偏差。

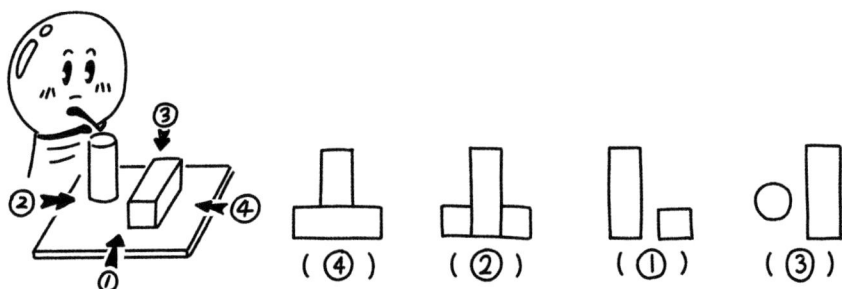

图 4-3　不同角度

挖偏了、挖浅了、挖少了，是分析成功关键因子时经常出现的三个问题。为了避免出现这三个问题，有三个步骤需要走（见图 4-4）。

图 4-4　三步走

而且，完成"三步走"的过程中还有一个工具可以用来记录每完成一个步骤的产出，这个工具叫"逻辑树"，如图 4-5 所示。"逻辑树"可以使整个提炼过程清晰、可视，让我们一起看看怎么做。

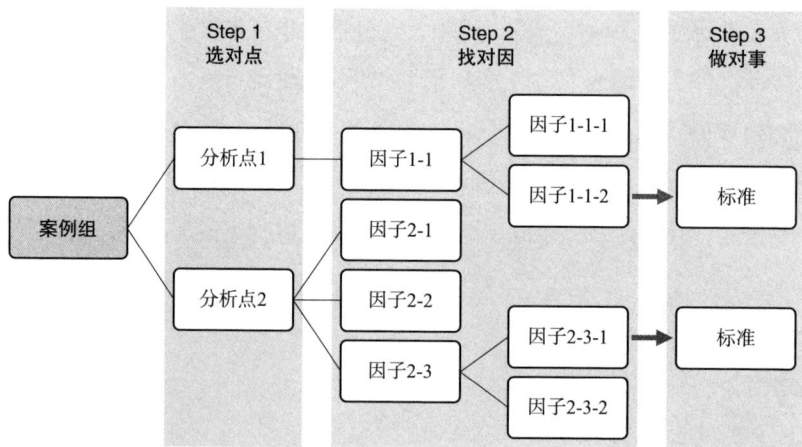

图 4-5 逻辑树

4.1.1 选对点

这个"点"也是提炼的起点。我们做一件事情，一开始一定有预期或目标，完成后会产生一些结果，此时把结果和目标进行对照，会发现有些方面做得特别出色，而有些方面可能还比较欠缺，比如"如何高效制作一份高品质的工作汇报 PPT"这个萃取主题有三个匹配的案例，经过分析，有几个做得特别出色的点是"比预期提前三天完成汇报材料"和"在汇报过程中得到了领导的充分肯定"，有两个做得比较到位的点是"和工作关系紧密""结构清楚"，还有些欠缺的点是"缺乏创新""格式有误，屡次打不开"。接着，从这当中选择与萃取主题紧密相关的点，呈现在逻辑树上。例如和"高效"关联的"比预期提前三天完成汇报材料"，和"高品质"关联的"在汇报过程中得到了领导的充分肯定"以及"缺乏创新"这几点就可入选。

有些萃取主题有行业、专业通行的分析框架，则可以直接采取通行框架中的要素作为分析的着眼点。比如电商行业中的 UV（访客）、CVR（转化率）和 SO Units（销售数量）。

4.1.2 找对因

还以前面高效制作 PPT 的案例来说，是什么原因能够"提前三天完成汇报材料""得到领导的充分肯定"呢？为什么有的汇报材料被评价为"缺乏创新"呢？这需要不断地剖析，挖掘出尽可能多和深的原因。此时，有个经典好用的挖掘真因的工具即可派上用场，即"5WHY 分析法"，也叫"5 问法"。

"5WHY 分析法"简单地说，就是对一个问题点连问 5 个"为什么"来追究其根本的原因。虽然称作"5WHY"，但实际使用时并不限定问的次数，主要是从结果着手，沿着因果关系链条，顺藤摸瓜，直至找出根本原因为止，有时可能只要问几次，有时也许要问十几次，就像古话说的——打破砂锅问到底。历史上有很多用类似方法找到背后真因的案例。

20 世纪 80 年代，美国政府发现华盛顿的杰弗逊纪念馆外墙受腐蚀损坏严重，于是请了专家来调查。专家仔细了解后发现，外墙损坏的原因并不像他们原来的设想——由酸雨导致，而是因为维护墙面的工人过度使用清洁剂，过于频繁地清洗外墙导致的。于是，专家和工人们展开了如下对话。

问：为什么要经常清洗外墙？

答：因为纪念馆被大量的燕粪弄得很脏。

问：为什么会有那么多的燕粪呢？

答：因为燕子喜欢聚集到这里。

问：为什么燕子喜欢聚集到这里？

答：因为建筑物上有它们喜欢吃的蜘蛛。

问：为什么会有蜘蛛？

答：因为墙上有大量蜘蛛爱吃的飞虫。

问：为什么有这么多飞虫？

答：因为飞虫在这里繁殖特别快。

问：为什么飞虫在这里繁殖得这么快？

答：因为傍晚时尘埃在从窗外射进来的强光作用下，形成了刺激飞虫生长的温床。

此时真正的原因浮现出来了，那么解决这个问题就变得很简单，降低光照的强度不就好了吗？于是把窗帘拉上，此后飞虫、蜘蛛和燕子都自然而然地减少了，工人们也相应地减少清洗的次数，外墙损坏的速度和程度就大大地降低了（见图4-6）。

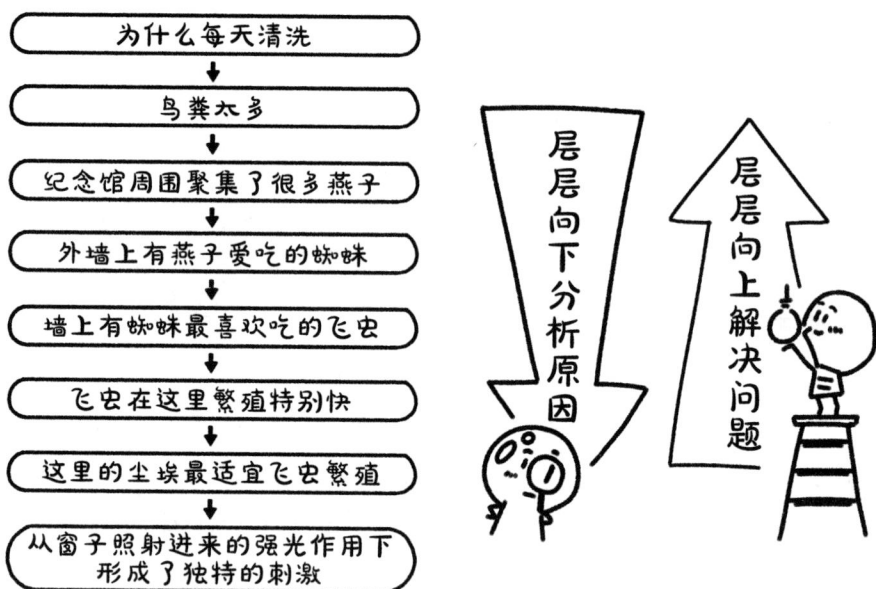

图 4-6　5WHY 分析法

在这个案例中，通过层层追问，最终找到了真因，并且找到了解决问题的方案。我们在剖析一个成功关键因子的时候，也可以照此不断地往下深挖。在深挖的同时有一个方法非常重要，就是在同向的案例中找共性，在反向的案例中找差异，从这些共性和差异当中，总结出那些可能对结果有影响的因素，把它们罗列在逻辑树的第二部分"找对因"里面。

那是不是每个"因"都是成功关键因子呢？请注意，成功关键因子是有条件的：第一，它必须能够导致成功；第二，它必须有关键影响。我们经常说，很多的事情都符合80/20的法则，也就是有20%重要的因素会带来80%重要的影响，我们一定要关注那些最重要的因素。如何判断哪些是最重要的因素？我们需要找到这些因素和结果之间的关联性，进行分析，然后做筛选。

一般来说，两者之间的关联有三种类型：强相关、弱相关以及无相关。成功关键因子，一定和结果有强相关。此外，从关联的方式上，还有两种分类，一种叫正相关，一种叫负相关。正相关，也叫"相生"，我涨你也涨；另一种叫"相克"，也就是负相关，我涨你下降。在找出强相关因素的同时，可以顺便判定该因素与结果是正相关还是负相关。

比如说某一产品的销量跟一些因素一定有关，假设其中一个因素是"产品定价"，那么我们先分析这两者的关联性是什么？通过获取的案例素材以及调研，我们发现产品定价降低 1%，产品销量就会增长 5%，而产品定价下调 2%，产品销量就增长 10%。显然，两者是强相关的关系，而且是负相关，也就是产品定价越往下走，产品销量越往上走（见图 4-7）。

图 4-7　打折

再比如影响产品销量的另一个因素是"陈列位置"，陈列位置可以分为显眼的位置、一般的位置和相对隐蔽的位置三种。假设经过调研分析后发现，把一个原本放在一般位置的商品调到显眼的位置，产品销量有所上升，但是上升的比率非常小，把它放到相对隐蔽的位置，销量有所下降，但是下降得也微乎其微。此时陈列位置和销量有没有关联？有，但是为"弱相关"。

假设产品销量还有另外一个影响因素是"产品外包装"。调研分析的结果是，不同外包装的产品销量并没有区别。看来产品的外包装跟销量关联性不大，此时它们的关系就是"无相关"。

当然上面这些只是为了方便大家理解，简单做的假设，实际情况要复杂得多。陈列位置和外包装与销量的关联度也许高得多。

将影响产品销量的三个因素一一分析过后发现，对这家门店来说，产品的价格才是影响销量的重中之重，要促进销量提升，最重要的是价格要便宜。于是在"找对因"中，用颜色、星标把它标识出来，就完成了我们的第二步。

虽然找出了对结果影响最重要的那些因素，不过当实际执行的时候，仅仅知道"产品销量和产品定价呈负相关"是不够的，定价不可能一直往低了去定。因此，我们还得知道产品具体定在什么价格区间内，既能提升产品销量，又能达到预期利润，还能保持品牌调性。

4.1.3 做对事

对每个提炼出来的成功关键因子定义"怎么做才是最好的"，同时也是梳理逻辑树的最后一列——树立标准。

比如焊接工作中，"焊枪的温度"和"焊接时长"是成功焊接的两个最重要因素，焊接的温度或时长不够，会导致虚焊、焊不牢，但如果焊接的温度过高、时间过长，又会导致主板或者元器件烧坏。根据案例的描述，假如发现焊接的温度比焊料熔点高 50 ℃、焊接时间以 2～3 秒效果是最好的，这就是两个成功关键因子的最佳实践的标准，把所有的标准定义好，并补充到逻辑树中，就完成了第三步"做对事"。

回到"高效制作一份高品质的 PPT 汇报材料"这个例子上来，我们按照"选对点→找对因→做对事"这三步走，先选取"提前三天完成汇报材料"作为分析点，发现其原因是提前做了一个很好用的模板，更深的原因是模板中把字体、字号、配色、关键的图形、图标等要素都规范得清清楚楚，具体标准如标题字用 32 号思源宋体 bold，正文字用 20～24 号思源黑体 regular 等。依此类推，把其他分析点的成果也罗列出来，就能产出一棵完整的"逻辑树"（见图 4-8）。

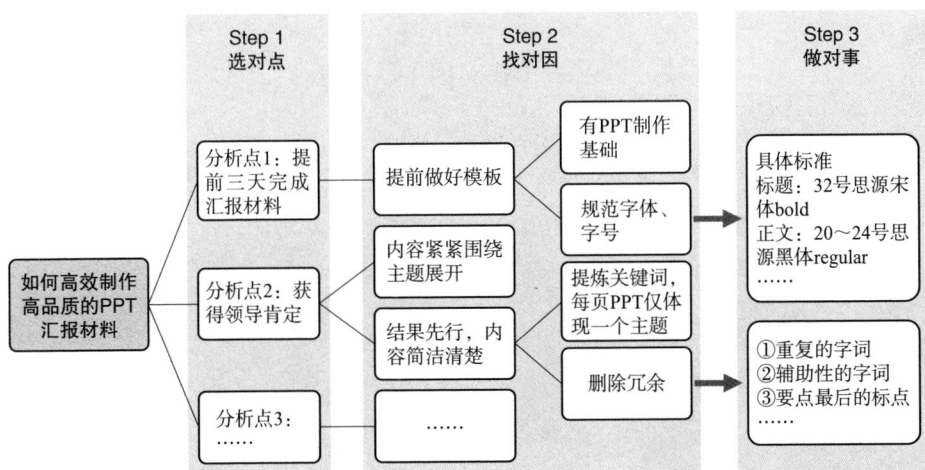

图 4-8　逻辑树成品参考图

通过选对点、找对因、做对事三个步骤，围绕萃取主题，以及案例结果和目标对比出来的点，不断展开做筛选，然后定义标准，终于整理出需要的成功关键因子。通过这三步，我们就可以透过案例素材的现象看到本质，并且找到解决方案的初步思路了。

刘明是一家企业的电商负责人，4 月业绩完成 70%。为了完成 5 月的业绩任务，并且为 6 月大促做好准备。他拿出 4 月的数据报表进行分析，根据分析结论调整了 5 月的销售方法。5 月实际的业绩达成率为 90%，相比 4 月提升了 20%，销售额提升了 35%。刘明通过做什么实现了业绩增长呢？

——— 【选对点】 ———

在京东、天猫等大平台开展电商业务的人都知道，分析业绩必须重点分析每个产品线的 UV（访客）、CVR（转化率）和 SO Units（销售数量）三大关键数据。

如果销售数量有问题，必须倒追分析是 UV 还是 CVR 出了问题。

【找对因】

UV 方面：

（1）4 月付费投放环比增长 12%，加购数环比增长 7%。

（2）活动渠道引流环比减少 30%，低于同类竞品 10%。

（3）站内同类产品交易排名仅在 77 名，环比下降 7%，这也意味着免费流量不会太高。

（4）由于成交表现一般，免费 UV 搜索数据进一步下滑。

CVR 方面：

转化率 0.8%，环比减少 13%。其中重点关注了近一个月的跳失数据，主打产品的跳失率环比上升了 30%，有款竞品无论在价格还是在页面设计上都影响了主打产品的转化率。

根据以上数据的分析结论，刘明对 5 月的销售策略做了以下几项调整。

（1）上个月付费广告投放的拉新数据提升明显，加上 5 月的交易数据直接会影响 6 月大促成绩，所以刘明决定在 5 月提高 40% 的广告投入。

（2）争取平台支持，多参加各类渠道拉新活动。

（3）加大各个平台内容引流动作，比如抖音、小红书、知乎等。

（4）价格方面，向公司申请到 5 月主打产品最低优惠的同时还拿到了平台贴券，减少跳失数据的同时，给竞品直接制造压力。

（5）分析优秀竞品详情页面，进行了页面升级。

5 月，刘明的业绩完成率 90%。他立即对几项措施的有效性进行了复盘和比对分析。

UV 方面：

（1）付费投放提高 40%，加购数环比增长 25%，但 ROI（投入产出比）下降 17%，低于同类竞品至少 5%，可以看出广告投入确实带来了新用户，但人群不够精准，对价格的接受度一般，对价格的观望情绪影响了转化率。

（2）参加的各类平台拉新活动，明显提升了免费的访客数据，环比增长 9%，达到了竞品的平均水平。

（3）内容引流带来的数据提升不明显，低于同类竞品 30%，改善空间大。初步判断内容引流需要持续投入才能带来明显增量，但有利于品牌曝光和搜索数据提升，其中小红书近期的引流效果相较更优。

CVR 方面：

主打产品的价格及详情页面的优化动作，让跳失数据下降 30%，进而提升了转化率。

------ 【做对事】 ------

刘明通过对 4 月、5 月的三大关键数据进行细致分析，总结出了"成功关键因子"，并制定了 6 月的具体销售策略。

（1）精准投放广告。广撒网形式不适合高单价产品，需要对受众人群进行精准定位再集中投入。根据对主打产品的市场分析，受众人群拟定位于"一二线城市 25 ～ 35 岁职场人士"。辅助的内容引流保持常态化开展，并将小红书作为第一顺位"战场"。

（2）增强平台对接互动。第一时间获取平台最新政策，并尽可能多地争取平台的"百亿补贴"等当期核心资源扶持。

（3）爆款思维。给主打产品足够的产品优势和价格优势。价位锁定保持低于同类爆款竞品价格。

（4）向优秀竞品学习。持续优化店铺及页面设计，提升用户进店体验，降低跳失率。其中友商 A 和友商 B 作为重点对标对象。

电商大促在即，刘明很有信心 6 月能再创新高，超额完成当月业绩目标。

真正的高手，在把握案例的脉络和关键，洞察其背后的逻辑之后，很关键的一步是将碎片化的经验进行整合，形成系统性的解决方案，真正达到跳出画外看画的境界。

何谓系统性的解决方案呢？

我们在第一章提过，高品质的组织经验必须是关于某个问题或任务的解决方案，且应当集道、法、术、器为一体。

"道" 指原则、理念和价值观。

"法" 指思维框架以及框架背后的底层逻辑。

"术" 指要领和诀窍。

"器" 指配套的工具。

我们可以视其为一棵经验树，以"道"为根基，"法"为树干，"术"为枝叶，"器"为果实。高品质的解决方案从最粗壮的树干开始生成，开枝散叶，再收获果实，最后刨根溯源，以此生长成一棵根、干、枝、叶、果兼备的完整的经验树，进而长成一片树林。

下面我们为你分享如何将碎片经验形成系统性解决方案。

4.2 法——思维框架与底层逻辑

所谓"法"，是指思维框架以及框架背后的底层逻辑。它是经验树的树干，呈现了整棵树的样貌，纲举才能目张。

　　大概没有人会拒绝成为"高手"，个人会渴望成为笑傲职场的人才，组织会渴望成为行业顶尖的团队。可是问题来了，高手凭什么成为"高手"？"高手"和"新手"究竟有什么本质区别？

　　李彦宏认为，应该帮助人们更便捷地找到想要的信息，于是有了百度搜索引擎。张一鸣认为，应该让信息主动出现在需要它的人面前，于是有了今日头条。而山姆·阿尔特曼认为，要是有位智者在屏幕后面跟你交流、为你创作、给你答案岂不是更好？于是 Open AI 将人工智能、搜索引擎、大数据整合起来，有了 2023 年初开始爆火的 ChatGPT。这背后代表的是认知的不同。正如张一鸣所说，认知水平是一个人真正的核心竞争力。

　　我有一位企业家朋友，对变化极其敏锐，不仅"春江水暖鸭先知"，而且总能快速采取行动拥抱变化。创业二十年，他的企业凭借这种与时俱进、随时变身的能力，闯过了很多难关。我向他请教是怎么做到的，他说："随时随地问自己三个问题，What's new？（有什么新变化？）Why？（为什么会有这些变化？）So what？（我该怎么应对呢？）"简单几句竟就是持续进步的妙计，真是厉害！

　　常言道，外行看热闹，内行看门道。所谓"门道"，就是"思维框架"。通过对思维框架的有效运用，我们可以更准确地定义问题、设计策略，从而直击事物的本质。面对熟悉的场景，框架帮助我们迅速做出反应，极大地提高效率，不必凡事都从头开始。面对不熟悉的场景，我们能通过对框架的转换、整合和迁移，获得更高明的问题解决方法。查理·芒格认为，一个人掌握八九十个多元的思维框架，就能成为拥有智慧的人，而在这八九十个思维框架中，非常重要的只有几个。

　　由此可见，高手之所以成为高手，一是拥有超越他人的认知水平，二是拥有很多高质量的思维框架并能加以灵活运用。

　　认知水平可以通过不断学习、深度思考等方式来提升，那是另一个值得探讨的话题，在此不做展开。而高质量的思维框架，有三种方式可以获得。

　　第一种，借东风。事实上，很多思维框架在工作、生活中的多个领域已有几经验证、非常权威的呈现，所谓站在巨人的肩膀上能站得更高，看得更远，我们只需引进运用即可，比如质量管理方面的"PDCA 戴明环"、销售方面的"终端销售八步法"、产品策略方面的"波士顿矩阵"……这些经典模型的本质都是思维框架。

第二种，本土化。也就是拿国际上用得好的标准连接本地场景，加以改造，使其更适用于本土公司，华为的"BLM 模型"就是个很好的例证。

BLM（Business Leadership Model）业务领先模型是一套非常完整的战略规划方法论，从差距分析到顶层设计，再到执行落地，是一套可循环的战略规划工具。它是 2003 年 IBM 与美国某商学院一起孕育出来的。不仅 IBM、华为在用，诸多著名企业例如顺丰、TCL、用友、金蝶等也不同程度地采用这一模型，而华为对该模型的应用深度与广度，已经远远超过 IBM，不仅应用于公司战略层面，华为还将BLM 各个模块融合到企业各个层级的日常运营中，形成了管理工作的闭环。

再者，经典的思维框架还可以经过调整，应用在不同的领域，发挥不同的作用，比如知名广告人西蒙·斯涅克提出的黄金圈法则 Why-How-What，原本更多的意思是指营销时针对产品表象（What）做文章，不如直击消费者的内心，消费者更愿意为"本质需求（Why）"买单。而将"WWH"迁移到课程开发中，就有了不一样的诠释及应用，比如要开发一门课向学员介绍"禅道"这个应用，对于完全不了解这个应用的学员，以"What-Why-How"的顺序组织内容，学员更容易理解和接受，因为他要先知道"禅道"是一个项目管理的应用，才不会觉得与自己毫无关系，而面向已知的学员来说，优先介绍"Why"——为什么采用这款应用才是更关键的。

第三种，建新模。借鉴了这么多"别人家的"东西，如果我们自己也能够提炼、总结出自己的思维框架，那是一件多么激动人心的事情！但怎么做？难不难？我的答案是：只要掌握一定的方法和技巧，人人都可以自己构建思维框架！而这些方法和技巧，完全可以通过训练和经验获得。接下来，我将逐步为大家揭秘——搭建思维框架的方法与技巧。

建立思维框架的过程，在 4D 系统中，我们将其简称为"建模"。这里分享一套简明、实用的"三步建模法"。这三个步骤分别是选择逻辑关系、抓取关键信息和优化呈现形式。

4.2.1　第一步：选择逻辑关系

每个思维框架的背后都有其底层逻辑，最常见的底层逻辑有顺序型逻辑、并列型逻辑、递进型逻辑和交叉型逻辑四种。

1. 顺序型逻辑

顺序型逻辑可以细分为流程顺序型和时间顺序型。

（1）流程顺序型：

以 4D 组织经验萃取模型的思维框架为例（见图 4-9），它把经验萃取的过程拆分为 Define the topic 界定主题、Discover materials 挖掘素材、Distill wisdom 萃取智慧和 Design a project 设计方案四大步骤，是萃取经验的完整流程。

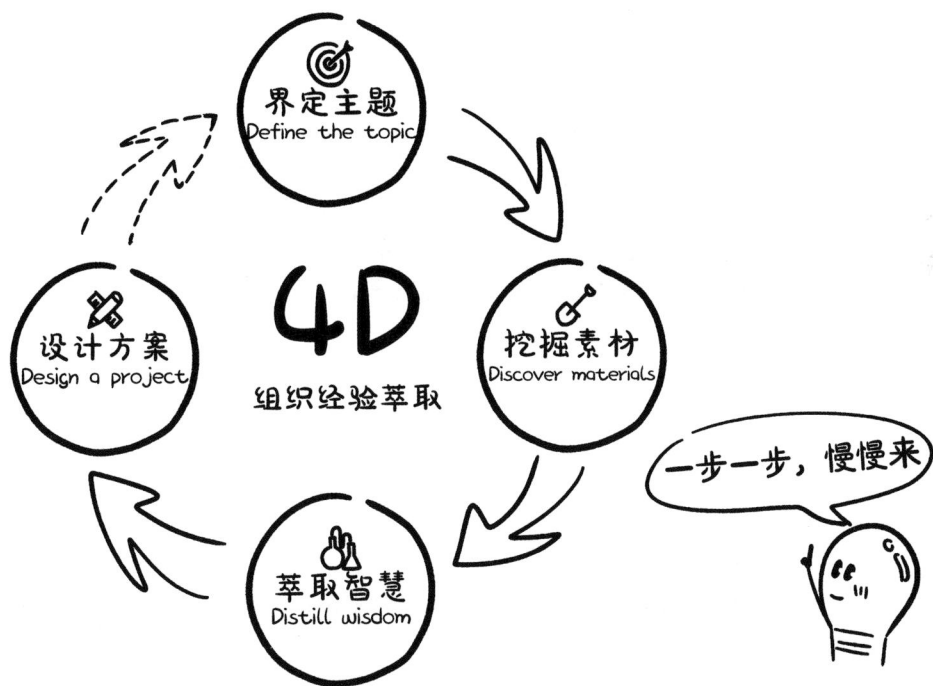

图 4-9　4D 模型

类似这种按照完成任务或者解决问题的步骤来进行排列的思维框架，就属于流程顺序型逻辑的产物。它们中的每个关键点都有着明确的先后次序，不能随意调整，例如不能先萃取智慧再来挖掘素材。

（2）时间顺序型：

时间顺序型，则按时间上的推演进程进行排列。除非出现"时空错乱"，一般也有明确的先后次序。比如，产品生命周期图将产品生命周期切割为引入期、成长期、成熟期和衰退期四个阶段（见图4-10），这就是典型的时间顺序型逻辑的产物。

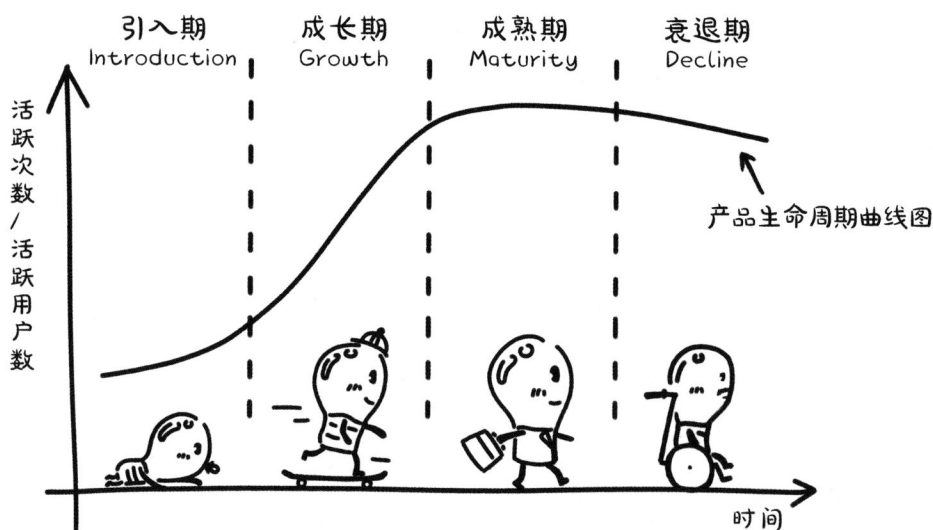

图 4-10　产品生命周期图

2. 并列型逻辑

并列型逻辑是按照构成或生成事物的元素进行展开的逻辑。每个元素之间没有明确的先后次序，或者没有明确的主次之分。并列型逻辑可以细分为要素并列型和因素并列型。

要素和因素，很容易让人混淆。到底怎么区分呢？假设你是一家服装专卖店的店长，公司给你下达了500万元的月度营收目标。你会怎么分解目标，方便团队更好地落地执行呢？第一种是分解到第一周、第二周……最后一周，这是前面提到的时间顺序型逻辑。第二种是按照产品类型来拆，分解到服装、鞋子和配件三大类中，这就是要素并列型逻辑。第三种是挖掘业绩背后的成功关键因子，聚焦关键，找抓手。经过分析，拆解如图 4-11 所示。

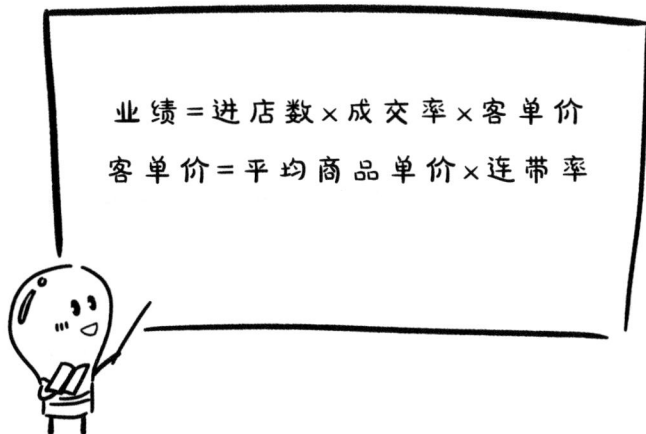

$$业绩 = 进店数 \times 成交率 \times 客单价$$
$$客单价 = 平均商品单价 \times 连带率$$

图 4-11　业绩公式

这就是因素并列型逻辑。不难发现，要素是构成主体的关键元素，而因素是生成主体的成因条件。再举两个例子帮助巩固理解，人机料法环（4M1E）模型（见图 4-12）和福格行为模型（见图 4-13）。

图 4-12　人机料法环模型

83

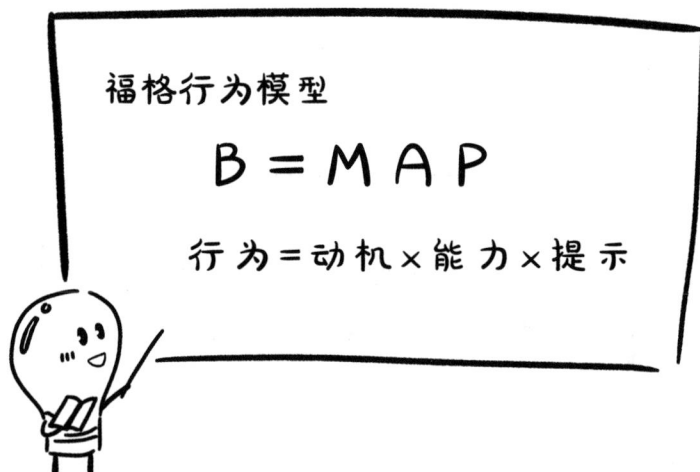

图 4-13　福格行为模型

这两个模型分别属于哪种底层逻辑呢？您不妨好好琢磨琢磨。

3. 递进型逻辑

有接触过 NLP（神经语言程序学）的人应该对罗伯特·迪尔茨的逻辑层次模型（见图 4-14）并不陌生。

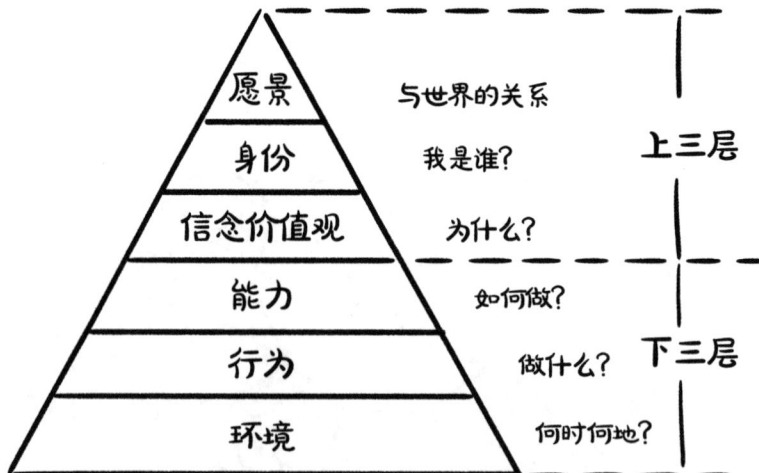

图 4-14　逻辑层次模型

他发现人们思考问题的逻辑分为环境层、行为层、能力层、信念价值观层、身份层和愿景层六个层次，这六个层次逐级上升。很有意思的是——低层次难以解决的问题，在更高层次上思考，很容易就能找到有效的解决办法。很显然，这六个思维层次之间既没有先后顺序，又不是完全对等的并列关系。但凡这种元素之间存在逐层渐进关系的，我们就把它称为递进型逻辑。

4. 交叉型逻辑

交叉型逻辑通常选取多个不同的维度对事物展开分类分析或交叉分析。

比如著名的波士顿产品矩阵，用市场占有率和市场增长率两个维度，将产品分为明星产品、金牛产品、瘦狗产品和问题产品，再针对性地采取不同的应对策略，如图 4-15 所示。

图 4-15　波士顿产品矩阵

大家耳熟能详的时间管理矩阵（见图 4-16）也是交叉型逻辑产物的典型案例。通过重要和紧急两个维度，将手头的事情分成四种类型，然后各有各的处理方式。

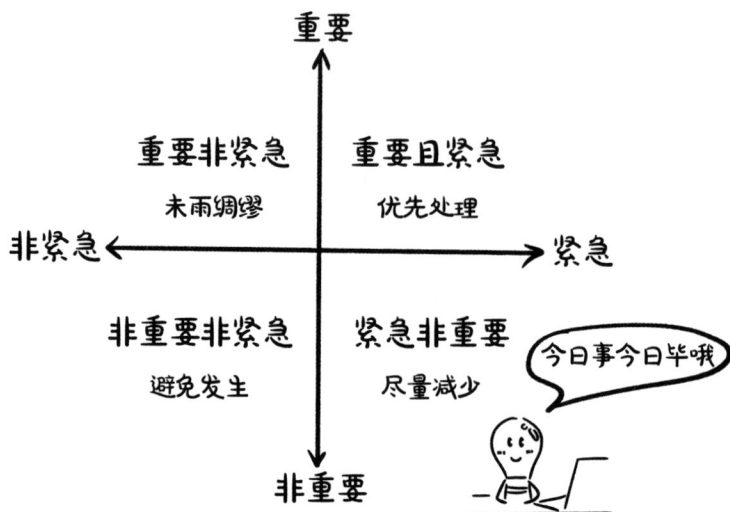

图 4-16　时间管理矩阵

除了像"波士顿产品矩阵"和"时间管理矩阵"把事物分成四种类型之外，也有分得更细的做法。比如人才盘点九宫格（见图 4-17），就是依据业绩和潜力两个维度，每个维度分为高、中、低三个层级，将员工区分成九种类型。

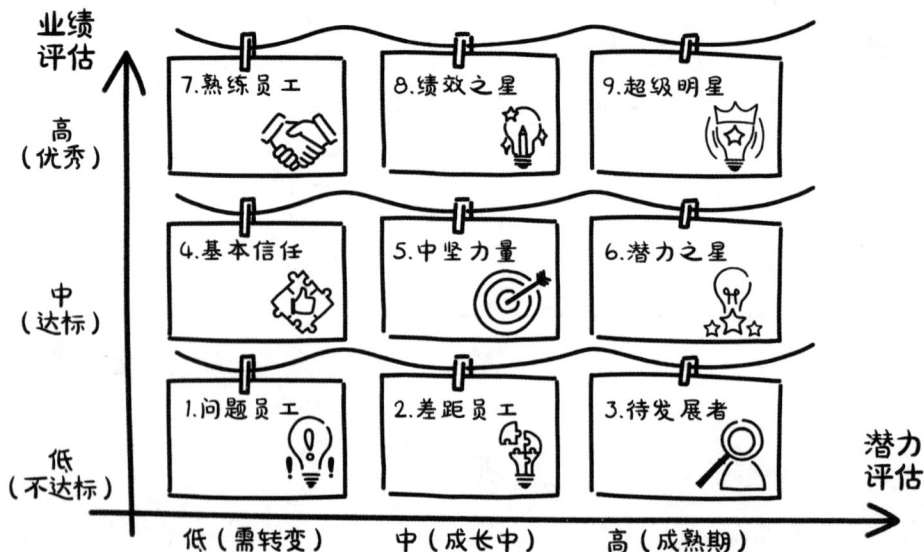

图 4-17　人才盘点九宫格

不仅可以将一个维度分成三个层级，还可以直接选择三个维度进行交叉。某设计师将客户的三种典型需求——"要好""要快""要便宜"进行交叉（见图4-18），分析给他的客户听，让客户理解设计师的难处，煞是有趣。

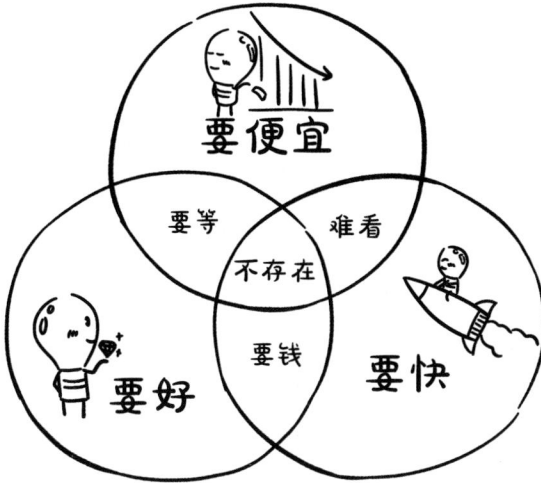

图 4-18　既要又要不存在

顺序型逻辑、并列型逻辑、递进型逻辑和交叉型逻辑共同构成了底层逻辑的基础类型。如果将其放进三维空间的盒子里，我们眼前大抵会浮现出这样一个图像（见图 4-19）。

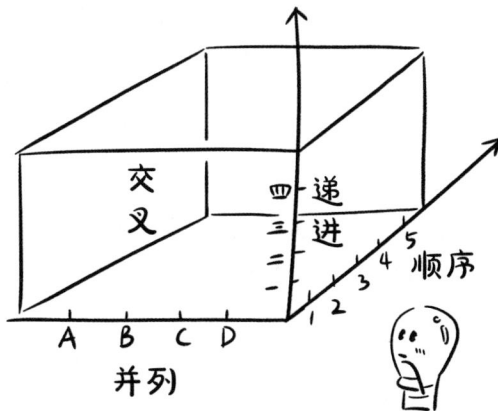

图 4-19　三维立体

87

有些时候，单独一种底层逻辑不足以支撑完整的思维框架，我们会将多种基础型进行嵌套组合形成更复杂的类型，我们称之为混合型逻辑。

那么，该如何选择适合的底层逻辑来建构思维框架呢？

其实，这个问题并没有唯一正确的答案，因为通过实践发现，有两个关键点和答案息息相关。一是未来使用这个思维框架的对象，给完全没有经验的新手用，手把手跟着走的顺序型逻辑可谓是百用百灵；给有一定经验的人用，挖掘成功关键因子、聚焦重点的要素并列型逻辑则更为合适。二是萃取主题所指向的问题或任务，如果指向按部就班的某项任务，流程顺序型逻辑当仁不让；而涉及问题的剖析和做决策，通常因素并列型和交叉型更为常用。

建模建多了就会有手感和直觉。在找到手感之前，笨办法就是好办法，不妨把各种底层逻辑都尝试一遍，分别建模，先看看可行性，再从"有"中选"优"。

4.2.2　第二步：抓取关键信息

选定了底层逻辑，就好比有了书架，接下来的工作当然是往书架上摆放"好书"。这个"好书"，就是我们说的关键信息。

从实践案例中提取到的关键信息可能很多，但在摆上"书架"前必须进行进一步聚焦。原因主要有两个：一是，多则惑，少则得，在资源有限的情况下，依据80/20法则，只有将主要资源聚焦到关键少数上，才能"力出一孔"，然后"利出一孔"；二是，简单的东西，未来得到成功推广、执行的概率要高得多。

在诸多性格测试的模型中，DISC 性格测试（见图 4-20）按照行动快慢以及关注人还是关注事，将性格分成支配型（D）、影响型（I）、稳健型（S）和谨慎型（C）。MBTI 迈尔斯·布里格斯类型指标则按外向或内向、思考或感觉、实际或直觉、判断或感知八个维度，将性格分成 16 种类型。姑且不论两者孰优孰劣，至少在现实生活中，要运用和推广 DISC 相比 MBTI 简单、容易得多。为什么会这样呢？《易经·系辞》给了我们答案，"易则易知，简则易从，易知则有亲，易从则有功，有亲则可久，有功则可大"。化繁为简是抓取关键信息的重要原则。

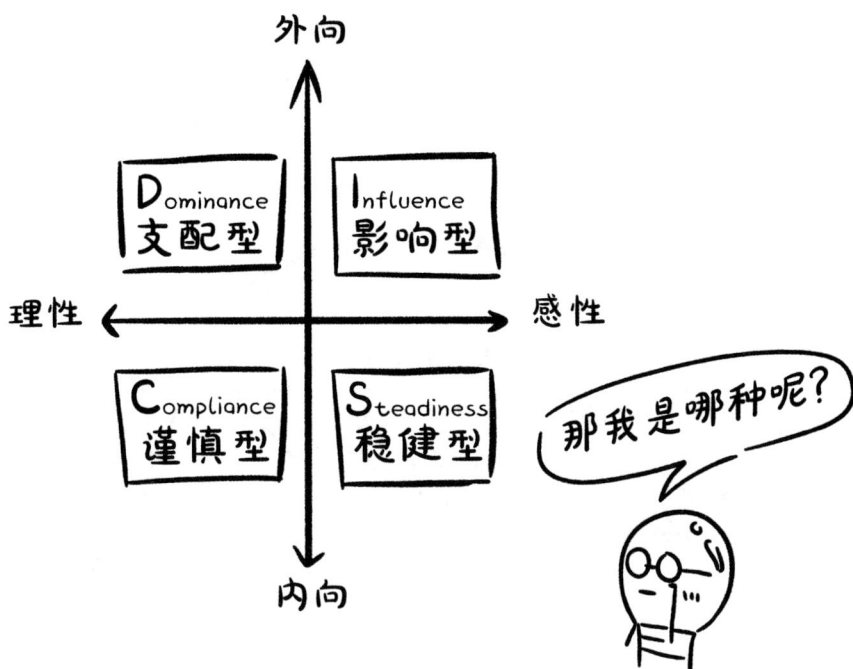

图 4-20　DISC

相信很多人听说过 7±2 法则。1956 年，心理学家米勒（George A. Miller）教授发表了一篇重要的论文《神奇的数字 7±2：我们加工信息能力的某些限制》，明确提出短时记忆的容量为 7±2，即一般为 7，并在 5 到 9 之间波动。遵循这一法则，如果提取的关键信息数量超过了 9，我们就要进行处理、聚焦，主要有两种方式。

一是对关键信息进行归类分组，这种方式在生活中很常用，比如报手机号码时，大多数人会将 11 位数字分成 3—4—4 三组来报。

二是依据正相关的强度进行强制排序，选取排序靠前的作为关键信息。如果有关注过第三方机构对手机市场排行的发布方式就会发现，他们一般习惯公布前五名，第六名之后的统称为"其他（others）"。

除了关键信息的条目数量过多，还有一种情况是抓取的关键信息不是同一类或同一层的，这时候我们需要对信息进行结构化整理，使之形成多种底层逻辑的嵌套组合，也就是"混合型逻辑"。以史蒂芬·柯维写的《高效能人士的七个习惯》为例，先在个人领域从依赖到独立，再在公众领域从独立到互赖，并且持续更新，这是递进型逻辑。而个人领域包括了积极主动、以终为始、要事第一三个并列关系的习惯；公众领域包括了双赢思维、知彼解己和统合综效三个并列型习惯，如图 4-21 所示。

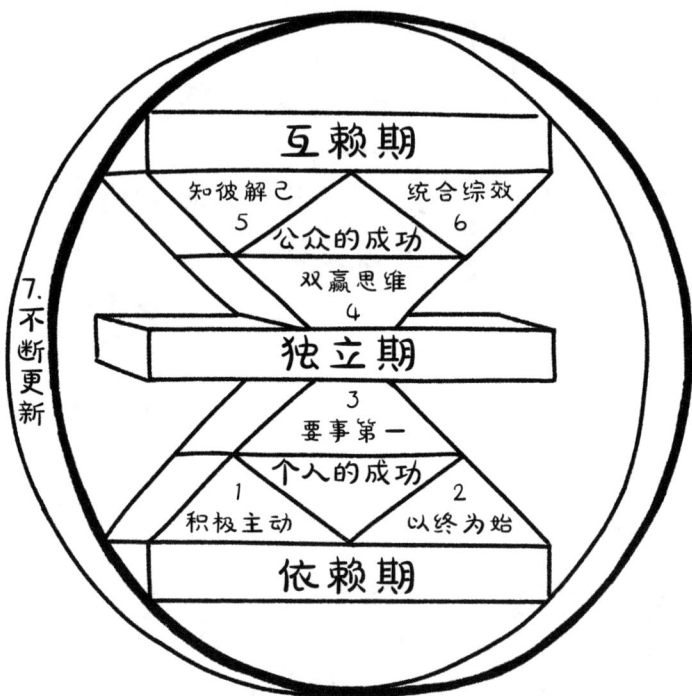

图 4-21　高效能人士的七个习惯

从实践案例中提取到的关键信息也可能很少，以至于出现"挖少了"或"挖偏了"的情况。这时候，需要我们不断追问自己两个问题：一个是"Anything else（还有其他的吗）"，另一个是"Why not（为什么不呢）"。通过反复多次的追问和分析，先努力做加法，然后再参考上一条做减法。

4.2.3　第三步：优化呈现形式

紧接着我们要做第三步，优化呈现形式。可能你会想，优化呈现形式，到底优化什么？

首先，是优化文字表达，也就是文字加工的问题。

先删后调是优化文字表达的一个好办法。我们不妨先把抓取出来的关键信息中的那些不重要的、不影响完整准确表达意思的非关键内容统统删掉，然后再尽量把其加工成简洁明了、字数相等、结构一致的短语。

一般来说，基于流程顺序型逻辑生成的思维框架，往往用动名词结构进行表达；基于并列型逻辑生成的思维框架，则一般用名词来表达。这里以企友团队原创的"GCF 金字塔课程开发模型"为例（见图 4-22），以流程顺序型的思维框架来表达就是：选课题、定目标、整内容、设形式、编五线谱和做课件，都是动名词结构。以要素并列型的思维框架表达就是：目标（Goal）、内容（Content）和形式（Form），称为课程开发的三要素。

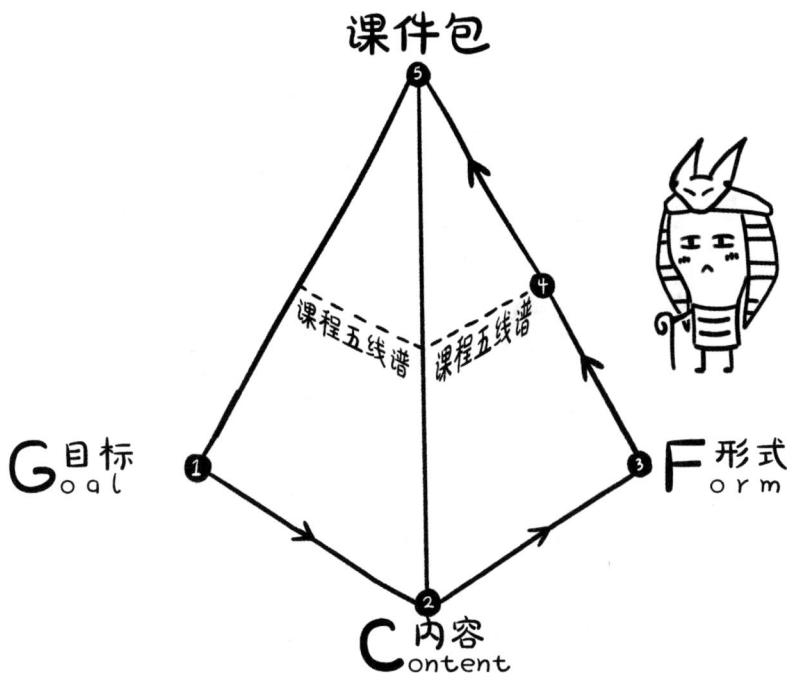

图 4-22　GCF 金字塔课程开发模型

有时候，为了方便受众的记忆和理解，我们还会对关键信息进行生动化表达。类比是最常用的生动化方法。例如我们可以把 DISC 中的支配型称为老虎型，影响型称为孔雀型，稳健型称为考拉型，谨慎型称为猫头鹰型，顿时有了画面感，性格特质一下形象生动了许多。

其次，是优化视觉化呈现。

视觉化呈现本质上也是为了受众更容易记忆和理解。将每条关键信息改成用图片、颜色、图标等来呈现，再用适当的图示来呈现整个思维框架。比如在 DISC 模型中，不仅可以直接贴上四种动物的大头照（见图 4-23），还可以分别用红、黄、绿、蓝四种颜色来分别表示。

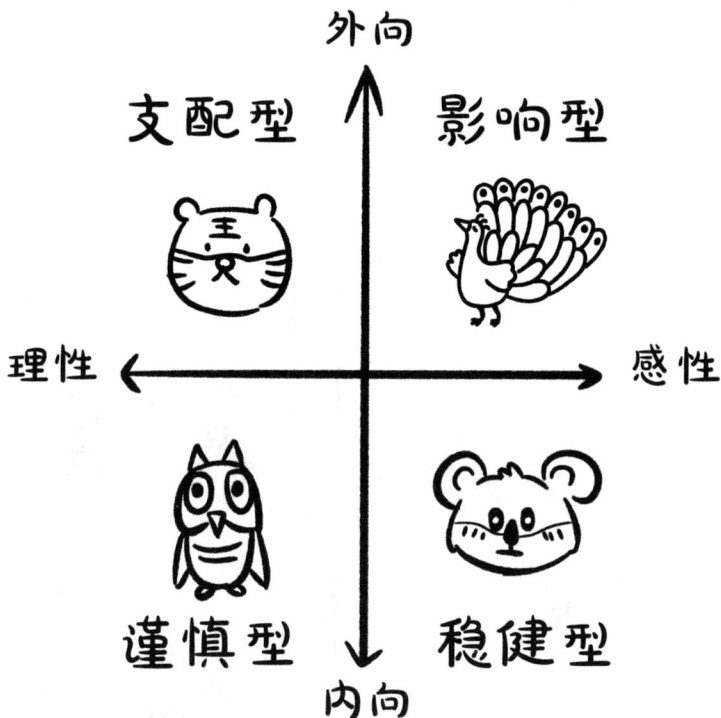

图 4-23　用动物头像呈现的 DISC 模型

那么，如何又快又准确地实现视觉化呈现呢？PPT 中的 SmartArt 功能（见图 4-24）为我们呈现整个思维框架提供了极大的便利。我们可以用它一键生成逻辑图示，包括流程、循环、层次、关系、矩阵、棱锥等最常见的类型，能满足超过 90% 的需求。

①点选"插入"　②点选"SmartArt"

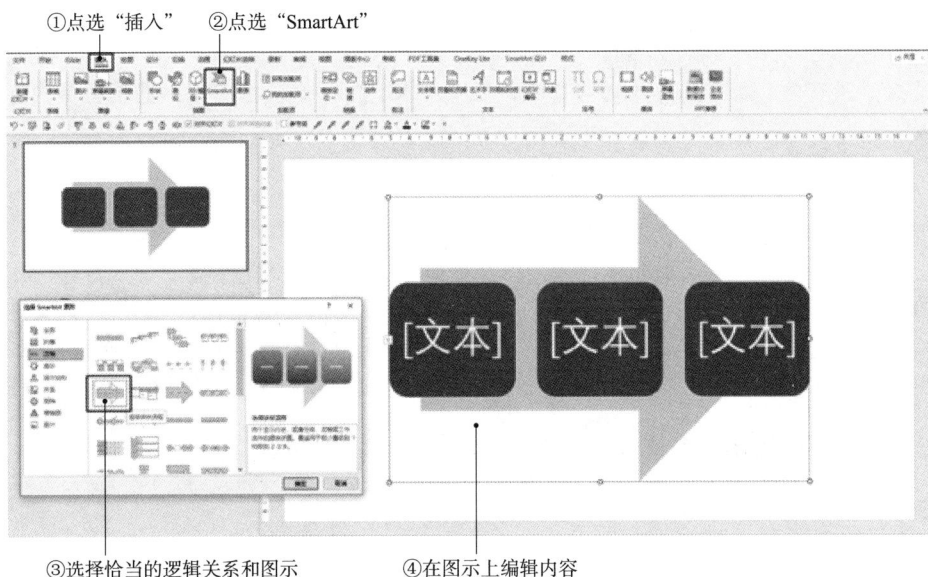

③选择恰当的逻辑关系和图示　　④在图示上编辑内容

图 4-24　SmartArt 操作图示

最后，最好给自己的思维框架取个朗朗上口的名字，方便传播和应用。这里支几个简单、实用的招供大家参考。

(1)　**以创作者名字命名**。比如 B=MAP 命名为福格行为模型，它是以 BJ Fogg（斯坦福说服力科技实验室主任）来命名。又比如丰田八步法。

(2)　**以元素的关键字命名**。比如 SPIN 大客户销售法、SMART 原则、5S 管理、4D 组织经验萃取模型等。

(3)　**以类比的形象化手法来命名**。比如将稻盛和夫从京瓷的实践中总结出的一套经营管理办法称为"阿米巴经营"。又比如石川图由于分析原因的图示形状酷似鱼的骨架，所以通常被称为"鱼骨图"。

光说不练假把式，我们通过一个例子，讲解三步建模法具体怎么应用。

假设我们通过访谈和观察，发现每个人在沟通中听的状态是不同的。文字记录如下：

并不是每个人都善于听。有些人，你在和他讲话时，他充耳不闻，一句都听不进去；有些人，表面上好像在认真听，嗯嗯啊啊，但并没有真的在听；有些人，听是听了，可是只挑自己喜欢的部分听；还有些人，听的时候很专注，甚至全部内容都记住了，却不理解对方的真实意图；而真正的聆听高手必须学会同理心倾听。

如何运用三步建模法来建立关于听的思维框架呢？

第一步 选择逻辑关系。通过初步分析，尝试选择递进型逻辑。

第二步 抓取关键信息。抓取到了五个层次的关键信息。

你在和他讲话时

（1）充耳不闻，一句都听不进去。

（2）表面上在认真听，但并没有真的在听。

（3）听是听了，可是只挑自己喜欢的部分听。

（4）听的时候很专注，甚至全部内容都记住了，却不理解对方的真实意图。

（5）同理心倾听。

第三步 优化呈现形式。

先优化表达。参照史蒂芬·柯维的《高效能人士的七个习惯》，将上述五点修正为：

（1）充耳不闻。

（2）虚应故事。

（3）选择性听。

（4）专注地听。

（5）同理心听。

然后用 SmartArt 加工为图 4-25 的示例。

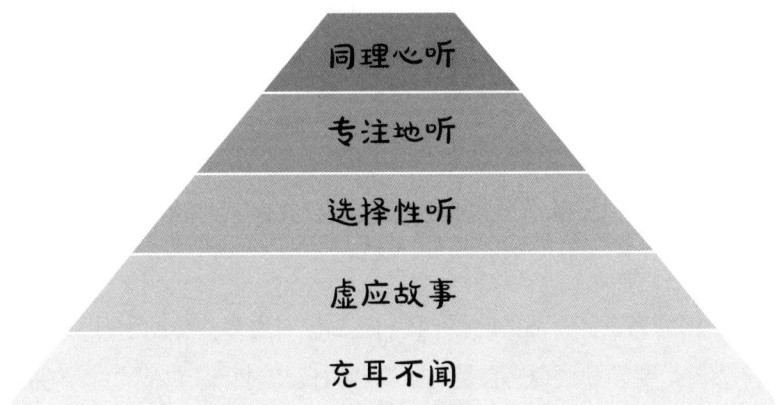

图 4-25　SmartArt 图示

最后命名为"听的五个层次"。

　　法，也就是上面所说的思维框架和底层逻辑，为我们解决问题和完成任务带来了效率高、效果好的方法，能够帮助我们最大化地提高一次性成功率。"法"与"道"、"术"和"器"组合起来，就成了一套高品质解决方案。有此"秘籍"在手，修炼成为"高手"，指日可待矣。

4.3　术——要领与诀窍

　　在上一节，我们跟大家一起探讨了，如何才能够把"法"这个层面呈现出来，这也是"萃取智慧"中很重要的一环。但是，有"法"就可以了吗？仅仅靠思维框架，能不能保障我们把事情做对？先来看一个小故事，琢磨琢磨到底行不行。

主管：小张，你接到任务的时候，一定要先搞清楚任务的背景和要求，要知道凡事 Why 比 How 更优先，然后你再进行任务的分解，把任务切小了，掰碎了才好落实。你只要做到这两点，其实就已经成功了一大半。好了，我有事先走了。

小张：怎么弄清楚背景和要求啊？任务分解又有什么方法和注意事项吗？

看了这个小故事大家是不是发现了，仅仅有"法"，并不能够很好地支撑我们把事情做对。

为什么？因为当具体干活的时候，我们还需要有更多具体的信息，还得有"术"。所谓"术"，就是要领和诀窍，它是经验树的树枝和树叶。"术"主要包括关键点、问题点和变化点，不妨概括地称之为"三点式"。

大家听完可能又有点懵，什么叫"关键点"？什么叫"问题点""变化点"？我们一一给大家展开说明。

4.3.1 关键点

"关键点"指的是成败的关键、安全的警示以及效能的窍门。

成败的关键，就是能不能把事情做对、把事情做成的关键的标准。照着标准做，事情能成；不照标准做，事情容易出问题，要么失败，要么达不到想要的效果。

举个例子，我有一个"江湖"美称叫作"资深知'食'分子"，通俗地讲就是"吃货"。最近我觉得清蒸生蚝特别好吃，就想着在家怎么能烹制出美味的清蒸生蚝。

我请教了很多老师傅，他们告诉我一个诀窍：水烧开之后，把生蚝上架清蒸，中火蒸 5 分钟，然后把火关掉，再焖 2 分钟出锅（见图 4-26）！我照着这个标准蒸出来的生蚝非常美味，既能够确保生蚝是熟透的，又能够保证生蚝的水分不至于过度流失，导致嚼起来很涩、不好吃。所以老师傅的话里面满是机宜：第一，水烧开之后再上架；第二，要中火；第三，蒸 5 分钟；第四，关火后还要焖 2 分钟，这些就是成败的关键。

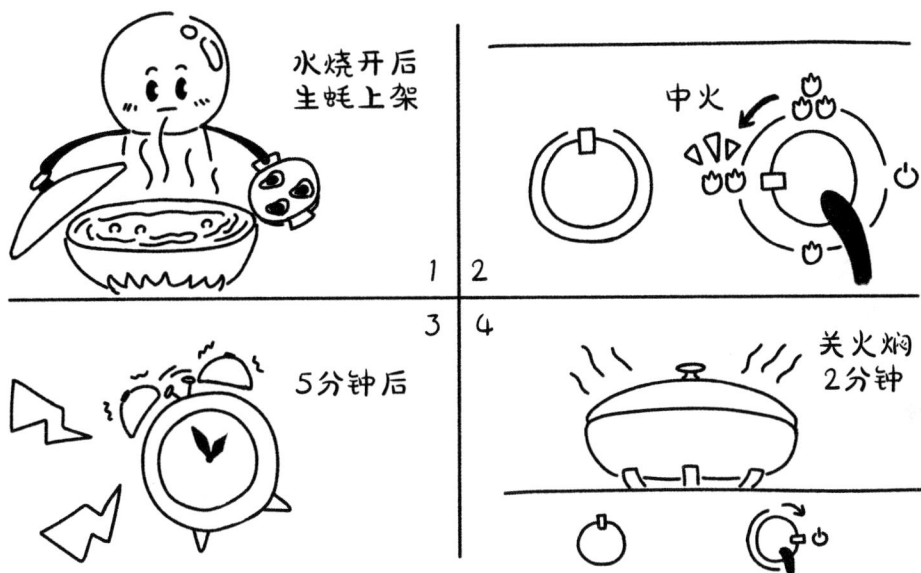

图 4-26　蒸生蚝

那什么叫安全的警示呢？安全的警示是指那些能够保障人身安全、财产安全的重要的提示。在人身安全的角度上，又包括不要伤害自己、不要伤害别人、不要被别人伤害。凡是这些跟人身安全、财产安全有关的提示，都提炼出来，就整理成了安全的警示。

比如物业公司的电工在小区维修一些高处的路灯，他维修的时候有没有一些安全的警示？在我们过去服务的很多物业公司当中，关于这方面有几条明确的要求：一要双人作业，一个人上去，一个人在底下扶住梯子提供协助；二要佩戴安全护具，比如安全帽、反光背心、绝缘手套等，以防止触电；第三，在三米外的地方要设有安全护栏，提醒过往的行人和车辆注意避让，防止别人妨碍正常作业，或避免导致别人的安全问题。这些就是安全警示。

还有一个效能的窍门，大家发现没有，凡是能够掌握效能窍门的人，他可能做事情比别人更快更好，或者一样的效果成本更低，而把这些能让事情完成得更快、更好，成本更低的方法总结出来，就形成了"效能的窍门"。

说到这，我们回到刚刚的话题，我刚才说了我是资深吃货，经常在家做饭，但有个苦恼很久的问题，就是每次切洋葱的时候，总是泪流满面，大受刺激。

我一直想怎么解决这个问题，于是去请教了很多跟我一样的"知'食'分子"，有位女生非常激动地跟我讲："王老师，我告诉你一个绝招，立马解决你的问题！"我非常高兴地请她赶紧分享，她说："但凡要切洋葱的时候，我就大喊一声——老公你来！"

这话可管用了对吧？但对我不管用啊，我总不能叫别人来，我该怎么办呢？

另外一个朋友给我出了一个主意，他说："王老师你会不会游泳？"

"会。"

"你有泳镜对不对？"

"对。"

"那就好办了，每次你切洋葱的时候，只要戴上泳镜切，我保证你一滴眼泪也掉不下来。（见图4-27）"

我一试果然管用！

图 4-27　切洋葱要领

这么一个生活中的小窍门，能够帮助我们很好地解决问题，那么工作中是不是也这样？没错，工作中也会有大量能够帮助你把事情做得更有质量、更有效率、更有性价比的一些好招，你得把它总结出来。

好了，由成败的关键、安全的警示以及效能的窍门这三个方面汇合起来的，我们称之为"关键要领"。当然人要真正掌握关键要领，还需要理解背后的原理，因此你除了告诉团队成员操作要领之外，还得说明要领的理由是什么，也就是这么做的原因，或者不这么做的后果究竟有哪些，共同形成了"术"的第一个点——关键点。

4.3.2　问题点

"术"的第二个点我们称为"问题点"。什么叫"问题点"？"问题点"就是新手经常犯错的地方，或者经常掉进去的"坑"。

还别说，回想当年我们自己刚刚进入工作岗位的时候，也是小菜鸟一只，踩了很多"坑"，摔了很多跤，要是当年有人提前告诉我们要避开这些"坑"，我们肯定会少受很多伤。因此，为了帮助别人，我们可以把一件事情里的问题点拎出来，总结并呈现给需要的人。

举个例子，我们今天要做萃取的主题是关于如何布线。布线工作有一个要求，两根线之间的接驳处，得用绝缘胶布完全密封好，而有些新手在缠绝缘胶布的时候缠得比较粗糙，没有完全密封好，甚至有一部分线芯的边缘还裸露在外。请问这会导致什么状况？

一是有可能短路，带来火灾等问题；二是有可能触电，引发人身安全问题。这些都是谁也不想看到的严重结果，因此我们要把这类问题总结出来，形成"问题点"。

4.3.3　变化点

"问题点"之后还有一个点叫"变化点"，"变化点"指的又是什么呢？

前面跟大家分享过，今天的时代最大的特点是不确定性，变化很多而且变得很快。如今，我们发现，人们越来越倾向于更个性化的服务，更注重个人的体验，也就是说，标准的东西可能越来越难以匹配日益多变的需求。

所以，我们试着想一想，在实际工作中会不会有一些地方会发生例外的、异常的情况？当遇到这种情况时该怎么处理？还有，假设不小心出错了，该怎么补救？有没有一些好招？这些方面我们把它总结出来，就成为"变化点"。

举个例子，假设你是五星级酒店餐厅门口的迎宾员，负责向进店的客人们问好，迎宾标准是：客人在 2 米外的地方，迎宾员应该鞠躬 15 度，面带微笑说"欢迎光临"。可有一次遇到一个特殊的情况，一位 VIP 客户和夫人带着一个三岁的小朋友到餐厅用餐，请问此时你是不是照样按照标准作业规范来做？

遇到这种情况，如果要体现个性化服务，给客户更好的体验，就得做变更处理。

你可以先面带微笑向顾客问好，但是一定要追加一个重要的动作——蹲下来和小朋友打招呼。为什么这么说？大家知道现在绝大多数家庭里孩子是焦点，你把孩子照顾好了，让孩子开心了，父母亲往往会自然而然地感到满意。

可以说，凡事都有例外的情况需要我们去应对，把这些特殊情况和处置方式归纳出来，就是"变化点"。

回顾一下"三点式"是什么。

01 第一个叫"关键点"
包括关键要领以及背后的理由

02 第二个叫"问题点"
也就是新手经常犯错的地方或者容易掉进去的"坑"

03 第三个叫"变化点"
一些异常或例外情况的处置，以及万一出错的补救措施

这三个点共同构成了"道、法、术、器"中的"术"——要领和诀窍。

这一节最重要的是如何用"三点式"把事情做对，如何在"道、法、术、器"

中形成"术"层面的内容。现在"道、法、术、器"已经有了"法"，有了"术"，接着我们应该做什么？还有没有可以让我们总结出来的这些东西更易学易用、快速生效的"助推器"？有！器——配套工具就是。

4.4　器——配套工具

如果我们能够开发出一些在落地执行时简单易用的工具，是不是更有助于别人把事情做对呢？这一节就跟大家分享"道、法、术、器"中的"器"，也叫配套工具，它是经验树的果实。因为它方便拿（摘）来就用（吃），也利于播种生根发芽。

4.4.1　常用的五种配套工具

俗话说得好，工欲善其事必先利其器。有哪些常用的工具可以开发出来帮助别人？给大家推荐五种：**评审标准、范本模板、操作指南、环境提醒、心法口诀**。怎么来理解这五种工具？我们一一跟大家分享。

1. 评审标准

假设我是一名新上岗的销售员，今天出门拜访客户，我按照此前学习的知识跟客户交换了彼此的名片，可是我一直有点拿不准，交换名片的过程到底做得对不对。怎么办？这时候我忽然想起来，上级曾经给了我一份拜访客户的行为自检表，其中有一部分就是关于交换名片的，上面把交换名片的要点、标准罗列得一清二楚。我对着这张表，哗哗哗勾一圈，诶！这个对了！啊，那个没做到……我立马懂得自己干得对不对、好不好了。

我们将类似上面这份行为自检表的工具统称为"评审标准"，其把一件事情做得好不好、对不对的要点罗列出来帮助我们判断自己做得怎么样。这样的工具在我们的工作、生活中非常常见。

2. 范本模板

假设另外一个情况：我得做一份汇报PPT，但我一个人完成不了这份PPT，需要好几个部门的同事一起分工协作，每人各做一部分才能把它做好。负责最后汇总的那个人遇到这种情况经常被搞得晕头转向的。为什么？因为PPT可能做得五花八门的。怎样才能防止出现这个问题呢？

我给协作的伙伴们一份PPT模板，这份模板规范了封面、目录、内容、正文的版式，甚至连行间距、字体、字号全都界定得一清二楚。不管几个人一起做，只要做的时候，大家用统一的模板、统一的标准，就不会跑偏了。

类似这样的工具就是范本模板中的"模板"。再说"范本"，大家最容易想起来的范本是什么？新入职一家公司，我们必须和入职的这家公司签订劳动合同。每次签订劳动合同都需要人力资源部门临时重新起草吗？显然不用，人社部提供了一份劳动合同的范本供参考。又比如在公司时常需要撰写公文，每种公文其实也有范本，大家可以根据范本开展工作，效率就高多了。

3. 操作指南

有家公司买了一台咖啡机作为福利，提供给公司员工在办公室免费使用。设备有了，咖啡豆也给配齐了，可是怎么做咖啡呢？正当大家眼巴巴看着时，有位做设计的资深咖啡大师出场了，自告奋勇说包在他身上，一定让每位想喝咖啡的伙伴都会用咖啡机。他有什么妙招呢？

没过几天咖啡机上悄悄地挂了一张精致的防水卡片，纸上用连环画的形式把使用咖啡机的简要操作说明都画了出来（见图4-28），还细心标明了注意事项，最后还附了一个二维码，手机扫码即可观看动态的演示，所有员工照着这份贴心的操作说明，一步、两步、三步……，哇，一杯喷香的咖啡就做出来了。真不愧是资深咖啡大师！

图 4-28　煮咖啡指南

这位伙伴做的贴心卡片就叫操作指南，或者称为说明书，说明书能帮助我们更快地熟悉操作，更有效率地把事情做对，这类操作指南在我们的工作中也很常见，比如公司里有很多工作设备，像打印机、复印机等，都可以参照咖啡机的做法在机器旁边贴一份简易的操作指南。此外，在数字化的时代，每家企业多多少少有一些软件系统，比如 OA 或者 CRM 客户管理，也可以为这些系统配一份操作指南，员工对照着说明设定各种设置、提交表单等就方便多了。

4. 环境提醒

我们企友团队曾经为一家 Call Center（呼叫中心）提供过服务。他们的员工在处理客户投诉时，有这样一个标准作业要求：

电话铃声响起三声内，必须微笑接听。

看上去很简单，可是听来容易做来难。为什么这么说？你想想，对方是来投诉的，沟通中的语气肯定不大好。甚至有些人会不分青红皂白地一通臭骂。客服人员面对这种高压力的对话，能冷静地、有条理地把事情处理完就不错，哪里还顾得上始终要保持微笑。那该怎么办？

我给他们出了个主意，首先，给每位客服发了一张带笑脸的提示贴纸（见图 4-29），请他们贴在屏幕或电话机上；接着，给每人发了一面小镜子，可以支起来放在自己的办公位前方。之后，再看他们的工作状态：

电话铃声响起，客服一看贴纸，哦，要在三声内微笑着接听。

那笑得怎么样？看一下镜子，哇，笑得还不错。

…………

啊，不行，好生气，但是笑脸和镜子还对着呢，保持微笑，保持微笑……

仅用了两个简单的小物件，工作难题一下子得到了显著改善，这两个小物件就

图 4-29　笑脸贴纸

属于环境提醒。其实，环境提醒在我们生活中也比比皆是。

比如坐电梯的时候，有一个小标签提醒我们别在电梯里蹦蹦跳跳；比如消防栓的门上贴有提示，教我们怎么用，以及医院的洗手池墙上，大家可以看到七步洗手法的示意图，这些都可以称为环境提醒。

5. 心法口诀

上面给大家介绍了四种工具，还有一种工具"心法口诀"非常有意思。

喜欢看金庸、古龙武侠小说的朋友会发现，故事主人公的经历颇有些相近。比如，被仇家打下悬崖，九死一生之际，偶遇一间石室，进去后发现墙上有许多涂涂画画，定睛一看，哇！是武林秘籍。一翻开武林秘籍，重点来了——心法口诀！在我们的工作中，也会有很多类似这样的心法口诀。比如有的人为了记忆历史朝代，将各个朝代串成一首对仗工整的诗：

> 三皇五帝夏商周，
> 归秦及汉三国谋。
> 晋终南北隋唐继，
> 五代宋元明清华。

有的人为了记忆化学元素的特性，总结了一首打油诗：

我是氢，我最轻，火箭靠我运卫星。

我是氦，我无赖，得失电子我最菜。

我是锂，密度低，遇水遇酸把泡起。

我是铍，耍赖皮，虽是金属难电离。

心法口诀最大的优点是非常精炼，朗朗上口，容易记忆和传播。可是怎样才能总结提炼出好的心法口诀呢？这里罗列了几种常见的方法供大家参考。

（1）数字法

说到数字法，最被广大小朋友所熟知的莫过于过马路的注意口诀"一停、二看、三通过"。

再比如"培训收尾三板斧""五心优质服务"等，这些都叫数字法口诀。

（2）关键字法

关键字法，顾名思义就是提取内容的关键要点，加以概括和简化。比如前面我们提到制定目标的 SMART 原则，这个"SMART"就是提炼自 Specific（具体的）、Measurable（可衡量的）、Attainable（可实现的）、Relevant（相关的）和 Time-based（有时限的）这五个英文单词的首字母。不仅仅英文可以这么提炼，中文也能提炼关键字。比如说到中医，大家一下能想到中医有哪些诊疗方法？望闻问切。这"望闻问切"也属于关键字法口诀。

（3）对仗法

如果将口诀整理成结构相同、字数相等的若干短语甚至对联的形式，我们将这种方法称为"对仗法"。以金庸的武侠小说为例，你能一下说出金庸写过的主要武侠作品吗？有人总结了两句话：

飞雪连天射白鹿，笑书神侠倚碧鸳。

你们仔细看，这两句话中的每个字都对应了金庸的一部主要作品，而且前后很对仗。细心的读者应该不难发现，这两句话实际上是两种方法的融合，除了对仗法，还用到了前面说的关键字法。

（4）谐音法

谐音法，可以创造一种场景，有时还带有几分幽默感。

我以前出门老是忘事，不是忘了带手机，就是忘了带钥匙。正当我为此苦恼时，一位朋友给我支了个妙招。他说：

"你只要把这四个字——'伸手要钱'——打在一张 A4 纸上，贴在你们家门的背板上，你出门的时候就会想，身份证带了没有？手机带了没有？钥匙带了没有？钱包带了没有？你看一个词帮你全都记住了。"

今天，技术的发展使得生活越来越简单，钱包不大用得上了，有手机就行，钥匙也可以不带了，有指纹就行，所以很多人对这个方法可能感受不深。可放在当年，它可算得上是"救"我于"水火之中"了。

（5）歌谣法

回想小时候，我们学二十六个英文字母的情景。不少人是通过唱歌学会的。对吧？借用小星星的曲，将二十六个英文字母写成歌词，小朋友都爱唱，而且一唱就记住了。这种将心法口诀用歌谣的方式呈现出来，就叫"歌谣法"。

当我们想自创一些心法口诀时，不妨试着用刚刚所说的数字法、关键字法、对仗法、谐音法以及歌谣法来提炼想要的心法口诀，而且还可以将几种方法进行组合，使它变得更加丰满一些。

4.4.2 让工具易学易用的四种方法

当然，光想着把这些工具开发出来还不够，工具如果难学、难用，那开发再多也是白搭。有什么方法能让工具易学易用，用起来还舒服呢？以下给大家四个建议。

1. 嵌入式

建议大家做嵌入式的工具。什么叫嵌入式？工具不是独立的，而是跟工作的场景无缝衔接的。比如我们要下载一个 App，App 下载之后会不会给你推送一份操作说明书呢？基本不会，但是会在第一次打开 App 的界面上弹出浮窗，呈现一些简明的操作指引，这种操作指南不需要费劲地保管和翻阅，而是直接嵌入到使用场景中与应用无缝衔接，让使用者即需即学、即学即用，有着极好的便捷性。

2. 防呆化

防呆化，是一种行为约束手段。它通过运用避免发生错误的限制性方法，让操作者不需要刻意关注，也不需要具备专业知识与丰富经验，即可直接无误地完成正确的操作。

一般来说，有四种常用的方法可以设计防呆工具，具体如下。

（1）有形防呆

有形防呆指的是针对产品、设备、工具和作业都有的物质属性，采用的一种硬件防错模式。比如很多公司都要求公司环境要做 5S 管理，物品一定要按照固定的位置摆放或收纳。怎么能够让大家记得住？有一家公司在他们培训教室的讲台上统一放置着一块镂空的亚克力板，上面标注了各个物品的摆放位置，每个凹槽对应不同的东西，任谁也不会摆错（见图 4-30）。

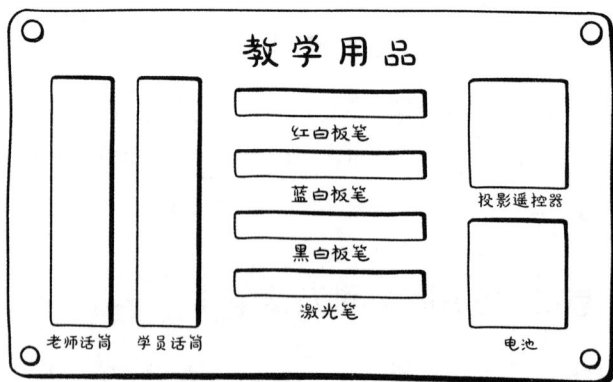

图 4-30　教具摆放

此外，还有诸如汽车上的安全带、摩托车的安全帽等，可以保护乘客安全；电动圆锯的保护片套，以防止锯到手；在纸箱中加纸板或泡沫塑料以减少产品在搬运中碰伤等，这些都属于有形防呆。

（2）有序防呆

有序防呆指的是针对过程操作步骤，对其顺序进行监控或优先对易出错、易忘记的步骤进行作业，再对其他步骤进行作业的防错模式。比如指纹打卡机，只有当员工正确完成了打卡动作，门才会打开，以防止员工忘记打卡，又比如电梯只有在乘客按下了按键后，电梯门才会关闭然后开始运行。

（3）编组和技术式防呆

编组和技术式防呆指的是通过分组或编码方式防止作业失误的防错模式。比如智能电饭煲，设定程序，按下相关按键即可做饭，到了默认指定的时间，电饭煲会自动断电防止烧糊。此外，大多数电热水壶，水一旦烧开，电源开关即自动切断，采用的也是同样的防呆模式。

（4）信息加强防呆

信息加强防呆指的是通过在不同的地点、不同的作业者之间传递特定产品信息，以达到追溯的目的。比如商品上的条形码，在不同环节，不同人员用特定设备读取，均可获取到同样的具体信息。

3. 生动化

第三个建议是生动化。都说"好看的皮囊千篇一律，有趣的灵魂万里挑一"，如果我们做的工具比较生动有趣，受众也会觉得很有意思，更受用。比如，在工地上提醒要戴安全帽的提醒牌，上面一般会画个安全帽简笔画，标注"进入工地请配戴安全帽"。可是有一个工地，他们的提醒牌别出心裁，写的是"曾经有个人没有戴安全帽，后来他过得挺好的，因为每天都有人给他喂饭吃"。你在会心一笑的同时一定会被触动，因为它跟你是息息相关的，而且非常有趣。这就叫生动化。

不仅内容可以生动化，形式也可以生动化。比如以往为了规劝到海边游玩的游客不要在退潮的礁石上逗留，一般会在醒目处立警示牌，通过视觉方式予以警示，而近几年有的地方出动了无人机，看到逗留的游客就绕着他们飞，边飞边喊话"别在礁石上逗留啦，快涨潮啦"，游客往往"刺溜"一下就回岸上去了，用语音进行提示比警示牌有温度，也比警示牌更有效果。

4. 智能化

还有一个建议是尽可能将工具智能化。举个例子，领导给你分配了一项任务，请你设计一份调研问卷，请问你会怎么做？有些人说行，我用 Word 或 Excel 立即做一份，这种选择在今天看来，显然非常落伍，因为移动互联网已经提供了非常充沛而实用的工具，既有网页端的也有微信小程序，用它们来做问卷比起 word/excel 便利多了。

运用嵌入式、防呆化、生动化、智能化这四种方式，我们将能更轻松地设计出好用的工具，帮助到团队成员更容易胜任自己的工作。

毋庸置疑，如果我们能够设身处地地为未来的经验使用者提供好用的工具，"法"和"术"的落地将变得简单得多。而且，我们所提供的工具最好不是零散和孤立的，而是成套组合的。譬如说，要让一群伙伴更快更好地做出一份 PPT，除了给他们提供 PPT 模板，可以推荐好用的插件，还可以提供关键操作的录制视频，甚至可以提供一份自检表用来自检完成的质量等，这几个工具组合使用，工作将变得又简单、又快捷。

看到这儿，可能大家心里会产生一个疑问，为什么"道、法、术、器"讲完了"法""术""器"，唯独没有讲"道"呢？因为"道"是在这些具象信息上形成的一个更抽象的概括，是隐藏在地面之下的树根，我们决定把它放在最后讲。

4.5　道——原则/理念/价值观

《道德经》开篇即言"道可道，非常道；名可名，非常名"，可见"道"这个概念，对老子学说而言有多重要，可谓其哲学思想的核心。另一本古典名著《孙子兵法》亦说，"故经之以五事，校之以计，而索其情：一曰道，二曰天，三曰地，四曰将，五曰法"，意思是要打胜仗，必须具备五个最重要的元素——"道、天、地、将、法"。其中，"道"指的是民众和君主要有共同的意愿和追求。

由此可见，"道"是提纲挈领的最高原理，是事物背后的本质，看似最虚，实则最实，看似最柔，实则最刚。

假设每个人都是一个能量场，这个能量场由心力、脑力和体力三个方面构成（见图4-31）。

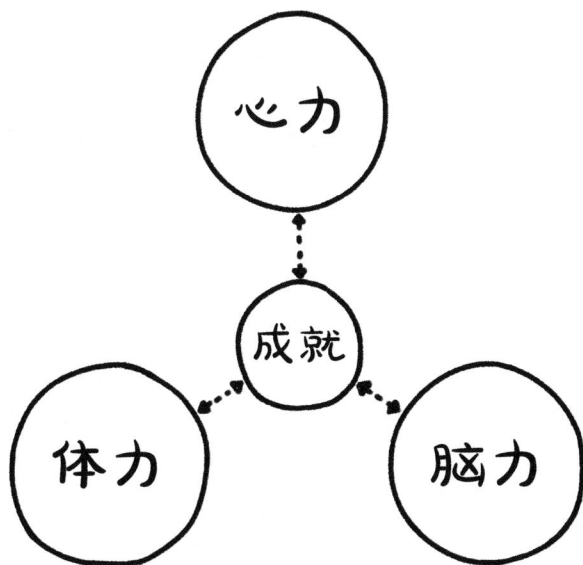

图 4-31　能量场

111

以往组织经验萃取主要解决"脑力"和"体力"的问题，对"心力"很少涉及，而"道"恰恰是解决"心力"的问题。要知道，一个人做事的意义感和对理念的共鸣，对其行为的促动是非常重要的。

与此同时，"道"能发挥四大作用。

1. 引领作用

第一是引领作用。"道"就像是一座灯塔，可以指引着未来组织经验萃取成果的使用者在工作中把握方向。举个例子，同样是以"企业如何降本增效"为萃取主题，A公司提出一个"道"叫"省钱，就是挣钱"，在这个"道"的指引下，A公司的员工有个很明显的行为倾向——能不花的钱尽量不花，能省就省。而B公司提出的"道"是"该省的钱一分也不浪费，该花的钱一分也不抠门"。在这个"道"的指引下，B公司员工的行为就和A公司员工有明显的不同，浪费的钱不花，但投入产出比高的钱，很有魄力地花，因为降本增效不单是降本，其本质是为了增效。

这两种不同的"道"，同样是指向降本增效，对使用者的指引却是差异很大，这是"道"的第一个作用——引领作用。

2. 护栏作用

第二是护栏作用，就像是给某个事情画了一道红线，类似桥两边的护栏，防止谁不小心掉出去。这个作用在廉洁自律类的经验萃取上尤其典型。

比如讲廉洁自律有这样的一个道——"千里之堤溃于蚁穴"，它能够有效地提醒大家注意：所有的腐败，或所有到最后不可收拾的问题都是从一个很小的漏洞开始的。也印证了另外一个典型的理论——"破窗理论"，若有一扇窗户的一块玻璃碎了没人去修理，很快整面墙的各个窗户都会出现破窗的问题。这时，"道"就发挥了护栏的作用。

3. 填补作用

第三是填补作用，因为情况总在不断变化，提炼出来的方法论，不一定能够覆盖实践中的所有情况，这意味着如果没有"道"这种总原则的指引，受众在实际工作中一旦遇到变化，往往会变得不知所措，难以正确应对变化。

举个例子，针对客户接待工作，我们完全可以通过组织经验萃取产出一份《客户接待指南》，但客户来访的情况是千变万化的，不大可能指望一个方案解决所有问题。如果我们能提炼出客户接待背后的"道"，明确地将"像对待朋友一样对待客户"作为指导原则，负责接待工作的伙伴会容易把握和拿捏得多。他们万一遇到特殊情况，只需要按照"道"的原则去执行，对客户找到"对朋友的感觉"，基本上就不会发生大的偏差。

"道"填补了具体执行方案无法完全覆盖的场景，这是它的第三个作用——填补。

4. 内驱作用

第四是内驱作用，就像火花塞一样，可以"点火"。比如萃取"销售人员如何做'大单'"的主题，如果我们提炼一个"道"是"做大单，当销售精英"，这样的"道"的好处是什么？它可以让所有用解决方案的人内心找到一种具有强大感召力的意义感，觉得"做大单，当销售精英"是一件很荣耀的事情，可以促使他发自内心地愿意做销售，并且全力以赴把它做好。

因此"道"在引领、护栏、填补、内驱这几个方面都可以发挥显著作用。既然要发挥这些作用，那么我们就得努力挖掘出解决方案背后的"道"（见图 4-32），但"道"从哪里来呢？主要来自以下四个方面。

图 4-32　背后的"道"

1 萃取的主题。比如做商务礼仪相关的萃取，它的重点是体现尊重。

2 企业文化。每家企业的文化不同，在"道"的方面也会相应地呈现出不同的风格。比如华为的狼性文化，总体上就要体现狼的特质，要像狼一样，群狼作战、不达目标誓不罢休。因此，华为提出"胜则举杯相庆，败则拼死相救"，这是由企业文化推动的"道"的要求。

3 从行业的角度去挖掘。每个行业都有独特的要求，不同的行业，不同的领域，对"道"的要求不大一样。比如对于制造业来说，品质就是生命，容不得半点差错。而服务业则是以提供超越客户期望的高满意度服务为宗旨。

4 与时代相关联。不同的时代有不同的"道"的要求，比如互联网时代的特色是迭代非常快，在这个大背景下的"道"很多时候用敏捷思维来推动，先做再调整，而不是十年磨一剑。

提炼出了这些"道"，接着我们要对"道"进行表述。作为解决方案的总原则，"道"一定要能够被广泛传播，最好还能深入人心，否则是没有用的。换句话说，"道"一定是能够打动人，并且像名人名言、格言一样朗朗上口、容易记，而且又有传播力的句子。

而金句正好是不二选择。因为金句有三个显著特点（见图 4-33）：一是观点直击人心，比如"我们只是大自然的搬运工"；二是表述深入浅出，比如"时间就像海绵里的水，只要愿意挤，总还是有的"；三是节奏朗朗上口，比如"透心凉，心飞扬"。

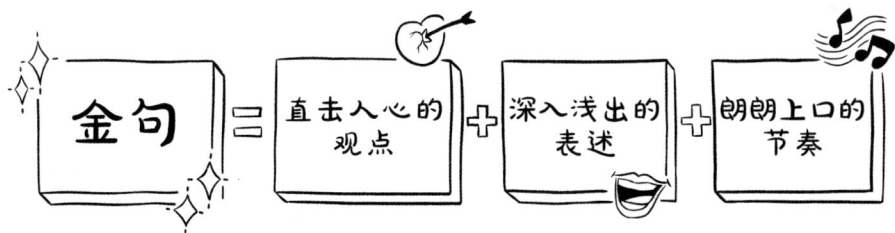

图 4-33　金句

曾经有位做销售的伙伴想表达"要把客户放在最重要的位置上"，一开始用的表述是"以客户为中心"，这当然可以，但如果表述为"客户虐我千百遍，我待客户如初恋"，感受立即就不一样了，它具有了生动的画面感，而且有很好的传播力，使员工在实际执行的时候很容易想起它。

因此，我们要多做金句的提炼。金句怎么提炼？

1. 对比法

举个例子，"在职场中，傻瓜用嘴讲话，聪明的人用脑袋讲话"，其核心观点是：在职场中，说话要懂得注意时机和场合，做到三思而后行。如果只是直接给观点，并没有直击人心的作用，而运用对比，设置两个有明显差异或对立意思的语句进行对照，可以加深观点的冲击力。对比的维度非常多：前后对比、大小对比、正反对比等。

2. 类比法

有些概念比较抽象难懂，用相似的两个事物进行类比，在已知和未知的事物之间架起一座桥梁，能帮助大家快速地理解。比如：如果每个知识点都是一颗珍珠，那么逻辑结构就是将珍珠串成项链的那根线。

3. 转折法

先抛出一个大家熟知的观点，比如"岁月不饶人"，再给出一个出乎意料的观点，"但我又何尝饶过岁月"，通过新旧认知的冲突，加深大家对后者的印象。

4. 改编法

运用改编法，可以从两个方面入手。一是改变词语，形成与原意相反的意思。比如有人将"有朋自远方来，不亦乐乎"改成"有'敌'自远方来，不亦乐乎"，表达对手的可贵。二是利用谐音，赋予新的意思。谐音用得最好的，其实是中国传统的一种语言形式，叫歇后语。比如电线杆上绑鸡毛——好大的胆（掸）子。

5. 押韵法

押韵的文字让原本具有冲击性的观点变得更脍炙人口，比如"一寸光阴一寸金，寸金难买寸光阴"。

────── **【案例】某萃取主题"道"提炼的过程及表述的修订对比** ──────

为了提升大堂经理的专业服务能力，某银行李主管带领团队进行了主题为"如何降低大堂服务客诉率"的经验萃取。萃取完"道""法""术""器"之后，大家对"道"做了进一步探讨。

初期阶段，大家发现如果急于处理、没有关注客户的需求，很容易就把客户小小的不满引爆成投诉；反之，如果能安抚好客户的情绪，通常都能较好地解决这些客诉。因此，大家总结出"安抚好客户情绪，有助于解决客诉"，再讨论认为更准确的句式是"先安抚客户情绪，再处理客诉"，参考行业经验、使用金句对仗表述，最终确定为"先处理心情，再处理事情"。

你发现没有，"道"其实是基于"法""术""器"这些具体事物的进一步抽象，依据企业的核心价值观，依据任务的共性规律，以及这个时代的共性要求，提炼出来的。"道"可以指导我们做得更好，"道"也是必不可少的。

总之，"道、法、术、器"缺一不可。

到这里为止，我们终于把智慧给萃取出来，形成了一个"道、法、术、器"

齐备的组织经验，那么该怎么整理这些点呢？我们给大家提供一个非常好用的工具——组织经验萃取表（见表 4-1），这张表格涵盖了萃取主题的边界，以及"道、法、术、器"，正好可以承载萃取出来的组织经验。

表 4-1　组织经验萃取表

萃取主题						
受众对象						
应用场景						
输入					输出	
原则 / 理念 / 价值观						
序号	步骤 / 元素	操作要领	要领理由	配套工具	常见问题	异常处理
……	步骤流程或结构要素	成败的关键安全的警示效能的窍门	这么做的原因或不这么做的危害	所需使用的配套工具	新手容易出现的问题及其危害	例外 / 异常情形处置出错后的补救措施

比如以"如何推动顾客成套试衣"这样颗粒度的主题进行萃取，其组织经验萃取表可以这样写（见表 4-2）：

表4-2 组织经验萃取表示例

萃取主题	如何推动顾客成套试衣					
受众对象	门店导购					
应用场景	导购在门店为顾客服务，推动顾客成套试穿衣服					
输入	门店开店准备完毕，顾客已进店			输出	顾客进行成套试穿	
原则/理念/价值观	1. 成套，成大单，全力成大单； 2. 试衣助成单，成套出大单； 3. 凡进店必试衣，凡试衣必成套； 4. 99%=0%，正确的"推"=成功的临门一脚； 5. 一套是基本，多套更佳； 6. 口诀：拿配比推。					
序号	步骤/元素	操作要领	要领理由	配套工具	常见问题	异常处理
1	拿：拿对第一件衣服	1. 一看： ● 看顾客所穿衣服的颜色、风格、妆容……大致判断尺码、偏好等； ● 在顾客看某件产品时间超过3秒甚至伸手触摸时，拿下产品。 2. 二问： ● 怎么问：保持1米左右距离，身体站直，看看顾客眼睛，微笑，声音清晰洪亮，想要的效果 ● 问什么：顾客的想法。	1. 第一件衣服拿得越准，信任感越强，成功率越高； 2. 针对性推荐成功率更高； 3. 精神饱满，有力量更表达能够传递给顾客权威感，增加信任度； 4. 拿在手上更好进行下一步动作	话术参考： "如果您今天选衣服，想选什么呢？想要什么效果？"	1. 未考虑顾客情况，只关注推荐流行款，主打款——要做针对性推荐； 2. 关注了顾客情况，但判断失误、推荐失败——要多观察、多练习； 3. 小声，不自信的表达，容易被顾客质疑、拒绝——大胆，大声； 4. 距离过近，声音过大，过于强势等——注意距离、音量，态度的适度	● 顾客表示只是随便看看——您平常比较喜欢哪种风格？……" ● 如顾客仍不感兴趣——"好的，您有任何疑问都可以问我哦。"

续上表

序号	步骤/元素	操作要领	要领理由	配套工具	常见问题	异常处理
2	配：成套搭配	1. 成套搭配： ● 根据顾客选择的产品，迅速准备好搭配的衣/裤/裙、鞋乃至配饰等，挂到衣架上； 2. 解除试穿障碍： ● 迅速帮顾客尽可能解除试穿障碍，如拉开拉链或解开扣子，帮顾客解开鞋带等	1. 成套搭配更利于成交； 2. 动作迅速，可能节省不及作的流失； 3. 拿在手上更好进行下一步动作； 4. 解除推动障碍也更能推动顾客试穿	话术参考： "为了让您更好地感受这件衣服的上身效果，我建议您跟这条裤子/这件下装……一起搭配试穿看看。"	1. 顾客试穿什么就拿什么，没有成套推荐——树立信念：绝不让顾客只拿一件不及身进试衣间； 2. 不会搭配，或成套搭配效果不满意——学习搭配技巧，提高自身多练习搭配，解除障碍等动作	顾客不接受推荐的搭配，而是有自己的想法——搭配非是手搭配效果"交难"，尊重顾客的意感
3	比：比到顾客身前	1. 将挑选的衣服比到顾客身前： ● 比的距离适当，衣服和顾客保持 5～10 厘米的距离； ● 尤其注意不可靠近胸口等敏感部位。 2. 适时迅速放手： ● 就迅速将产品放手给顾客，不能让顾客觉觉拿着； ● 顾客一伸手，动作迅速但变柔和； ● 如果有鞋子等搭配，帮顾客先拿着	1. 顾客如果拿到绝试产品更不能拒绝试穿； 2. 比以近了能下意识接过； 3. 保持适当距离和力度，避免顾客反感； 4. 不要让顾客觉拿太多产品以免觉得不便	试穿的产品	1. 不好意思"比"，更"试"更简单——记往比"试"，"试"更能成单； 2. 比的距离太近或太大，控制适当——多练习； 3. 放手太早或太晚，控制合适速度——多练习，障碍等	顾客不接手产品——客着，进行下一动作
4	推：把顾客向试衣间	● 边引导边轻推 一只手轻轻推着顾客，另一只手自然地指引试衣间的方向； ● 隔着衣服推肩或膝弯式推位置，避免碰到顾客裸露对于异性，比较冷或或较敏软部的皮肤以及软敏感的度； ● 送到顾客试衣间门口，拉开门或门，确认被顾客进入，自己不进入试衣间，如手上有帮顾客拿其他产品，退给顾客； ● 帮顾客拉上帘子，关好门，说明有需要随时叫出声	1. "推"能让顾客更会试穿； ● "推"能让顾客更轻松找到试衣间，并尽可能减少试穿前反顾； 2. 要让顾客轻松找到的亲密感和力度不同，保持语当，避免顾客反感； 3. 推的位置和力度不当，引发顾客反感——多观察	试衣间，镜子等	1. "觉得不能"推"，很多顾客不喜欢被推——正确的距离和亲密感，顾客不会导致顾客显著促进作用； 2. 推的位置不当，引发顾客反感——多观察	顾客明确表示不喜欢被触碰——尊重顾客的意愿，只引导和陪同

组织经验萃取出来后，我们不能浪费，一定要应用到实际工作中，那么如何推广，如何应用，如何让它有自进化的能力？我们在下一章跟大家分享。

练一练

完成以下练习，看看你对本章的内容掌握得怎么样。

1.（排序题）找成功关键因子三步骤的正确顺序是＿＿、＿＿、＿＿。

①找对因　　　　②做对事　　　　③选对点

2.（不定项选择题）以下哪些描述确定出了具体的标准？（　　　）

A. 空调一般调到 26 ℃为佳

B. 有适宜的环境，这些花卉就能生长良好

C. 倒入药液时，试管保持 45° 倾斜

D. 点焊时，对连接区的加热时间要短，焊接速度要快

3.（不定项选择题）以下哪些属于"三点式"中的"问题点"？（　　　）

A. 防御性驾驶秘诀之一就是慢

B. 刚学茶艺的人经常分不清这两种茶类

C. 新入职的应届生员工常常忘了提交工作日志

D. 刚拿到驾照就开车，有时候会把油门当刹车踩

4.（不定项选择题）医院洗手池旁的七步洗手法图示属于哪种工具类型？（　　　）

A. 范本模板

B. 操作指南

C. 理论模型

D. 环境提醒

第5章
D₄ 设计方案

想一想

1. 萃取的成果只能转化成课程吗？

2. 如何让团队成员愿意拥抱变化，主动改变，做萃取成果的推广者和实践者？

在很多人看来，完成了 4D 组织经验萃取模型中的前三个"D"——界定主题（Define the topic）、挖掘素材（Discover materials）和萃取智慧（Distill wisdom），萃取工作已经大功告成，为什么还要特别增加第四个"D"——设计方案（Design a project）呢？

在我们的理念中，组织经验萃取绝不是目的，而是手段。借用计算机语言，我们可以把前三个"D"归为萃取的"输入（Input）"环节，相当于我们基于过去的实践，把经验提炼总结出来，形成一套解决方案。而第四个"D"为萃取的"输出（Output）"环节（见图 5-1），也就是将产出的解决方案应用到未来的实践中去，促进企业业绩增长，并收获新一轮的经验。

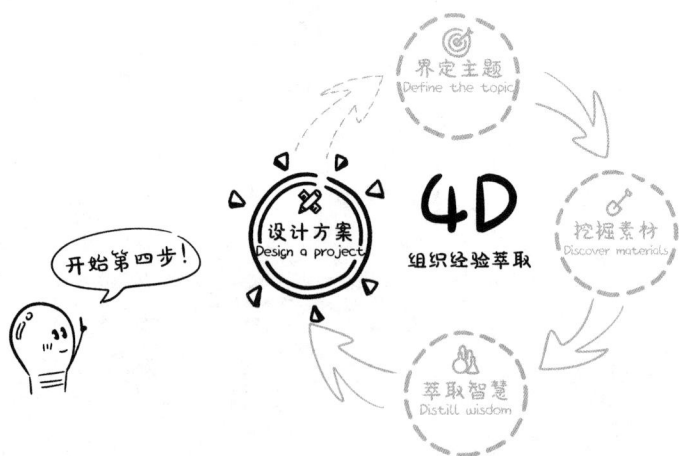

图 5-1　4D 第四步

5.1　用绩效改进的思维设计方案

在组织经验萃取过程中普遍存在两种现象。

一是，产出成果之后并没有在实际工作中加以运用，而是束之高阁。

不少管理者非常重视经验的沉淀，在团队内部大费周章地开展组织经验萃取，最终的的确确生成了一批组织经验。但很可惜的是，很多团队做完组织经验萃取后，就停止了工作，并没有对它进行落地转化。

相比本书开篇第一章所说的"企业最大的浪费是经验的浪费"，已经萃取出来的经验却没有应用是更大的浪费。这些萃取的成果包含了过去实践中解决某个问题或者完成某项任务的已经被验证为有效的解决方案，是一个组织宝贵的知识资产，但这种资产"有用有用，无用无用"，倘若不能让其助力业绩增长，便显得一文不值（见图 5-2）。

图 5-2　有用有用，无用无用

二是，将萃取的经验成果统统以课程的形式进行落地推广。

我们过去观察了很多企业的落地做法，发现普遍存在一个现象——很多人天然地认为应该把萃取出来的组织经验设计成一门培训课程，用这门培训课来训练讲师，再由讲师培养员工，为他们赋能。这个思路对不对呢？

对，也不对。

对，就在于通过课程将组织经验赋能给员工，这确确实实是一个有效的落地方向和手段。

不对，就在于培训绝对不是组织经验唯一的，甚至不是最重要的落地转化方式。

如何将组织经验的价值发挥到极致呢？

讲到这一点，我们得回归到萃取组织经验的初心上来。不管我们是为了沉淀能力、培养人才，或是提升业绩、推动变革去做组织经验萃取，最终指向的都是通过"绩效改进"，使团队和公司的业绩增长，获得健康可持续的发展。

> 所谓"绩效改进"，我们可以简单理解为，通过对工具、技术、行为模式等的改变，让组织或个人的行为对企业业绩产生正向影响，创造更多价值。

在工作中，当我们发现现实不如预期，当然会想做出一些改变来靠近目标，而做出改变是需要"抓手"的。作为管理者，常常条件反射般地认为业绩不行，首要原因是这届员工不行，所以倾向于实施更具刺激性的考核激励政策，淘汰不合格的下属。培训管理者更简单直接，认为是员工态度有问题或者能力不达标，天然地倾向于通过一系列培训来改变员工工作态度或提升技能水平。试行一段时间之后，虽然有些效果但往往并不理想，令人不禁怀疑自己是不是没有抓住真正的要害。

大约在十几年前，业界有一门课特别流行，课程名称是《卓越执行力》，主要内容是教育员工要有强大的使命感和责任心，在工作中坚决贯彻管理者的命令，通过端正心态和提升能力，实现说到做到、使命必达。为了巩固培训的效果，很多企业上完课还会特别用心地给每位学员赠送一本《把信送给加西亚》。近些年，这门课几乎销声匿迹了。为什么呢？因为讲求投入产出比的各级管理者们很快发现，这种培训像是强心针，一针扎下去，大伙儿立马精神了，可是效果不持久。大家静下心来认真想一想，执行力不行是原因还是结果？除了团队成员的心态和能力影响了执行外，有没有可能是组织文化出了问题？如果"一把手"自己也说归说、做归做，而且还朝令夕改，让人无所适从，团队的执行力会好吗？有没有可能是流程出了问题？如果很多工作没有流程或者流程不清晰、不合理，各个岗位的责权利也不明确，团队的执行力会好吗？还有没有可能是工作设计出了问题？如果把几项需要迥然不同特质的工作（比如既要天马行空又要按部就班）整合到一个人身上，又或者工作任务极其复杂，完全超越了组织能力，简直是"不可能完成的任务"，团队的执行力会好吗？当我们想明白了这些，心里就不会怀疑了。恭喜自己，大概率真的是没有抓到要害！

托马斯·吉尔伯特被称为"绩效改进之父"，在管理学领域极具影响力。1978 年，他出版了一本《人的能力》（*Human Competence*：*Engineering Worthy Performance*）。书中提出的著名的"行为工程模型"（Behavioral Engineering Model，简称"BEM 模型"），非常好地诠释了影响绩效的主要因素，如表 5-1 所示。

表 5-1　行为工程模型

	信　息	设　备	动　机
环境因素	**数据** ● 中肯而频繁的反馈。 ● 期望绩效的描述。 ● 关于合理绩效的清晰准确的说明	**工具** ● 设计科学的与人员因素和能力相匹配的工作工具和材料	**激励** ● 金钱激励。 ● 非金钱激励。 ● 职业发展机会激励
员工个体因素	**知识** ● 经过科学设计的培训。 ● 人员配置	**能力** ● 灵活的绩效时间安排。 ● 辅助手段。 ● 塑形。 ● 适应性。 ● 选拔	**动机** ● 工作动机评估。 ● 招聘合适的人员

根据吉尔伯特的观点，影响绩效的绝不仅仅是员工的知识和能力，还包括很多其他的因素。经过大量研究发现，影响绩效的因素中，数据、工具、激励等环境因素占比高达 75%，剩下的 25% 才是知识技能、天赋潜能、态度动机等个体因素（见图 5-3）。而且实践证明，解决环境有关的问题所耗费的时间和金钱，很多时候比解决员工个人因素的耗费来得少。因此，推动绩效改进时，应当优先改变环境因素，再配套考虑个体因素的改善。

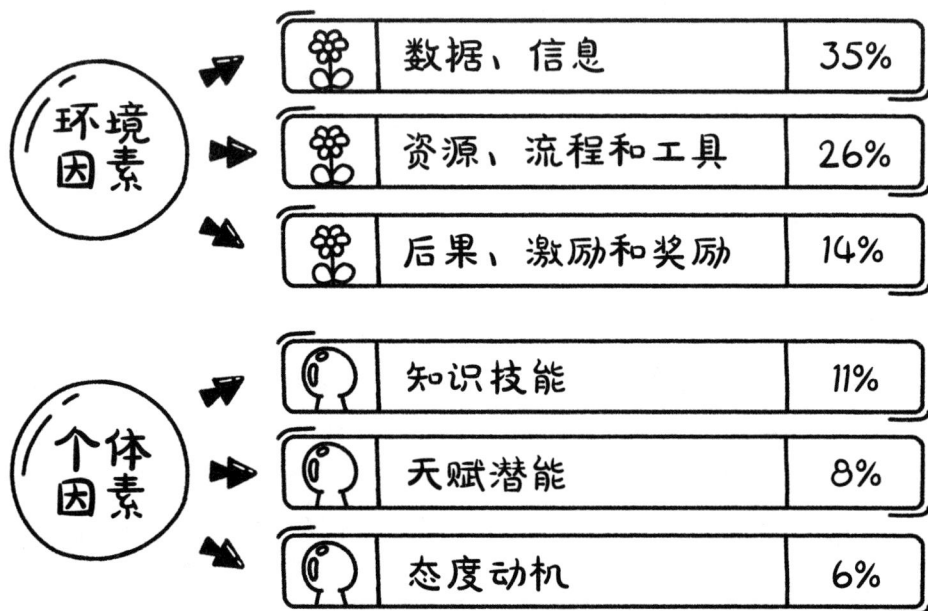

环境因素	数据、信息	35%
	资源、流程和工具	26%
	后果、激励和奖励	14%
个体因素	知识技能	11%
	天赋潜能	8%
	态度动机	6%

图 5-3　影响绩效的因素

举个例子，潮汕火锅大家都吃过吧？主打的就是烫涮各种新鲜的牛肉，吊龙伴、脖仁、匙柄、五花趾、三花趾、匙仁等，种类繁多、不一而足。刚开始在各地兴起的时候，服务员每次上菜都要告诉客人这盘是什么肉，烫几秒就可以吃了，然后去服务别的客人。食客们一开始还记得，但随着上的肉盘越来越多，就忘了哪盘是哪种肉，哪种肉要烫多久，所以经常呼唤服务员过来问，"这个是什么肉来着？要烫多久呀？"服务员就再说一遍，说完又走了，这个过程有时会重复好几次（见图 5-4）。

图 5-4　这是什么肉？

而最近我吃的一家潮汕火锅很不一样，每个菜盘子上都赫然插着一把小旗子，上面写着肉的名称和建议的烫涮时长（见图 5-5），还附带一个秒表，服务员把盘子和秒表往桌上一放，说："您看着小旗子，设置倒计时，时间到就可以吃了噢。"大家试想一下，这个设置对于食客来说有什么变化？既认识了不同的肉，也知道不同的肉的烫涮时长。

图 5-5　小旗子 + 秒表

其实，这个小旗子和秒表就是数据和工具的体现，仅仅对环境因素做了一点点优化，不仅让食客更清楚不同的肉各自要烫多久可以吃，更让服务员减少了很多无谓的反复劳动，让他们能够把更多的精力用在真正服务顾客的事情上去。

同理，萃取出来的组织经验要落地转化，也应该从"开发成课程，并通过培训给团队赋能"的惯性思维中跳出来，优先思考环境因素的改善。比如依据组织经验对流程进行改造，通过增加、删减、合并、拆分、变序等方式让流程更简洁、高效；比如强化机制保障，将对团队成员的行为要求制定成为制度规范，并配套奖惩激励；比如借助数智化工具，使工作流转最大化减少对人的依赖；又比如开发一些防呆化工具或者在工作场景中张贴提示性操作指引，以降低工作难度，使新人能够更快、更容易上手等。这些措施都对工作效率和业绩增长有着明显的促进作用。

此外，若是打算通过对员工赋能来提升业绩，课堂培训也并不是唯一的方式。

在设计人才培养方案时，"721学习法则[8]"常常被奉为"金科玉律"。该法则认为，成人70%的能力提升来自真实生活经验、工作经验、工作任务与问题解决，即"实践中学"；20%来自反馈以及与其他角色榜样一起工作并观察和学习该榜样，即"互动中学"；10%来自正规培训，即"课堂中学"，如图5-6所示。

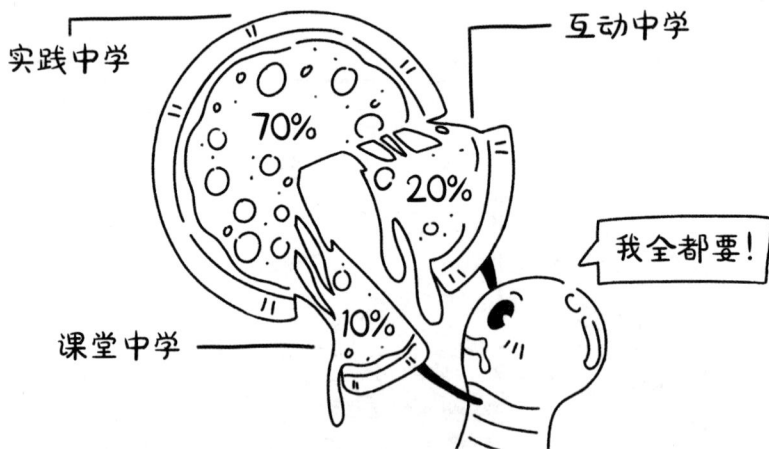

图 5-6　721 学习法则

---

[8] 由摩根、罗伯特和麦克三人在合著《构筑生涯发展规划》中正式提出。

第一，实践中学。

《韩非子·显学》中强调"宰相必起于州部，猛将必发于卒伍"，这是很有道理的。挑战性任务磨炼、临时职务代理、轮岗等方式，都可以通过输出倒逼输入，使团队成员的心智和技能得到快速提升。有些时候，直接在战斗中学习如何战斗，风险比较高、成本比较大，故模拟实战就成为一种很好的选择。比如，在太古可口可乐公司内部，他们会设置多个 1 比 1 还原的店面，里面也随产品及陈列的更新而更新布置，并将实际门店经常遇到的各种挑战提炼设计成一个个场景，方便店长、导购或零售培训师在模拟的店面里，使用萃取出的解决方案来解决各种问题；比如，在各家航空公司的培训基地，他们不惜重金，布置飞机客舱提供给空乘实战演练服务技能，装备飞行模拟舱给准飞行员训练驾驶技能；比如，在一些精密制造工厂，他们专门留出了一条生产线作为实训基地；比如，在国家电网，开始使用 VR 虚拟现实技术帮助新员工找到高空作业的体感。

第二，互动中学。

"互动中学"具体到工作场景，指的是辅导和交流。辅导主要来自员工的直接管理者，我们把这种互动称为岗位带教，岗位带教需要有带教的材料，此时团队负责人完全可以把组织经验萃取的成果直接转化为带教手册，既给每位带教师傅配备了称手的带教工具，同时也避免张师傅、李师傅、王师傅带出来的徒弟做事各不相同。比如，某行业领先企业为了给新任的本地仓负责人快速赋能，邀请各相关部门的业务专家集体给这位新经理当导师。那个画面，仿佛武侠小说里，一帮顶尖高手围坐在后起之秀的身边，一起给他输送真气，帮他快速打通任督二脉。结果证明，这种多对一的带教模式取得了很好的成效。在我们对管培生的抽样访谈中，还发现了一个很有趣的点，他们认为同届管培生的圈子交流对自己的帮助特别大。每个人都需要教练，作为管理者有责任成为一名优秀的教练，从管控向赋能转变，为团队成员持续赋能。

随着数智化平台的发展和普及，非特定对象之间的在线交流也成为员工成长的重要方式。有些公司会将萃取出来的组织经验转化为 SOP⑨、FAQ⑩ 或者案例库的

---

⑨ SOP（Standard Operation Procedure），标准作业程序。就是将某一事件的标准操作步骤和要求以统一的格式描述出来，用来指导和规范日常的工作。

⑩ FAQ（Frequently Asked Questions），常见问题解答。

形式，用关键词检索的方式方便员工随时查询。如果此前的经验中未能提供参考答案，则开放给其他员工补充分享自己的经验和建议，形成新一轮的知识沉淀。这样既可以提供标准做法做参考，又能在交流中激荡出更优质的方法，岂不美哉？

第三，课堂中学。

占据成人能力提升来源 10% 的"课堂中学"，现在早已不局限于通过线下培训的方式让员工掌握技能，线上学习也是一种很重要的成长途径，像微课、直播课、轻课这些都是非常好的经验载体。

因此，从赋能员工的角度上讲，我们既可以把组织经验萃取设计成一个个真实的任务，让员工在实践中学，还可以按照线上线下、在岗脱岗两个维度区分出三大场景（见图 5-7），分别输出不同的载体，从而实现对团队成员的立体式赋能，助力企业业绩增长。比如，针对员工线下脱岗的学习，可把组织经验萃取成果做成线下培训课；针对员工线下在岗的学习，可做成带教手册，供导师们使用；针对员工线上的学习，可以开发成线上微课、直播课或轻课在学习平台上投放。

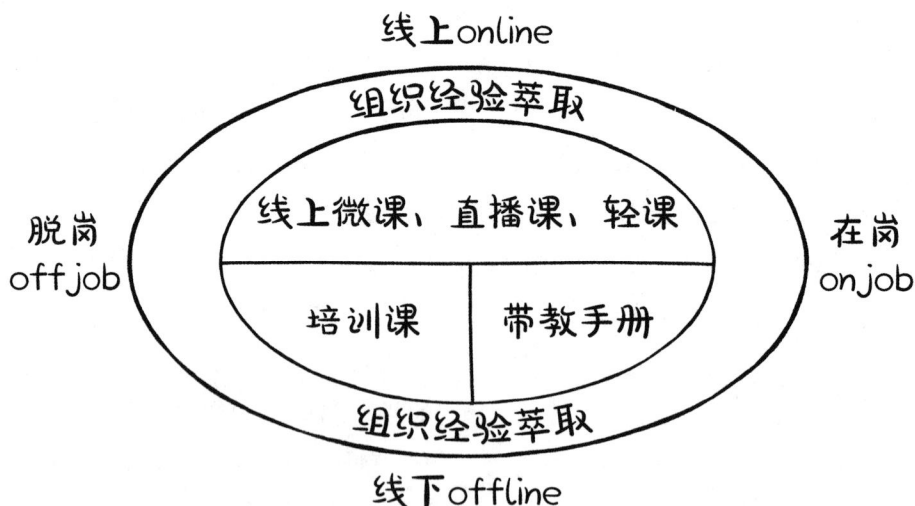

图 5-7　学习场景

总而言之，组织经验萃取结果的输出方向和形式是非常多的，需要我们根据目的及现实条件加以选择和组合。

这里整理了一份常见的组织经验输出形式的表格（见表 5-2），供管理者们参考。

表 5-2　组织经验常见输出形式表

序号	输出形式（用√勾选）	责任人	开发时间
1	SOP 标准作业流程		
2	操作手册		
3	制度 / 规范		
4	软件 / 系统		
5	设备 / 工具		
6	案例库		
7	带教手册		
8	微课（线上）		
9	直播课（线上）		
10	培训课（线下）		
11	Q&A 合集		

值得管理者们注意的是，最近这些年职场新生代的认知习惯发生了很大改变。一方面成人学习越来越功利化，大多数时候是因为需要或者遇到了问题，才更有动力去开展相应的学习；另一方面，由于短视频风行，大家更习惯从新媒体形态的信息中获取知识。未来的学习，越来越需要符合 3J 标准。

01 第一个 "J" 是 "Just For Me"
意思是学习应该个性化，专门针对学习者遇到的问题提供支持

02 第二个 "J" 是 "Just Enough"
即恰好足够，提供的学习资料正好够用就行，不繁杂、不过载

03 第三个 "J" 是 "Just In Time"
当学习者遇到问题的时候，立即就能得到支持

所以，当我们设计组织经验落地转化方案时，3J 是提升团队成员学习体验的努力方向。

如果能建立绩效改进思维，那么我们看到组织经验这堆好食材，就不会仅仅想着炖了它，还会考虑煎、炒、烹、炸、焖等各种加工方式，哪怕最终决定用炖，还可以选择小火炖或者大火炖。做一桌让食客赞不绝口的满汉全席也就有了可能性。

5.2 用 PDCA 法打造方案闭环

当然，满汉全席并非越丰盛越好，烹饪美食也需要一个过程。厨师需要综合考虑宴请的目的、食客的口味习惯、成本限制等因素，才能决定怎么备菜、做菜、上菜。同样的道理，管理者在设计组织经验落地转化时，也应"以终为始"，首先明确想要达成的核心目的，围绕目的用 PDCA 闭环的方式来设计整个方案，如图 5-8 所示。

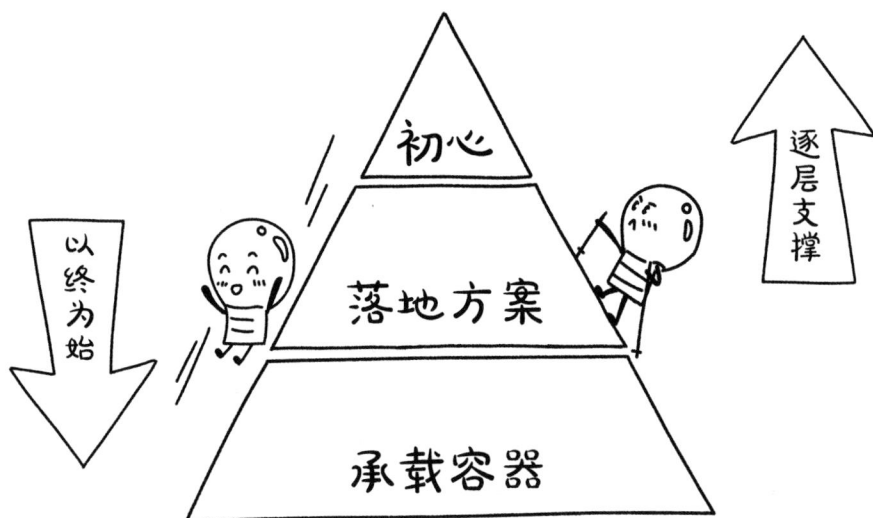

图 5-8 以终为始，逐层支撑

相信绝大多数管理者听说过 PDCA。PDCA 循环是质量管理专家沃特·阿曼德·休哈特首先提出的，由戴明采纳、宣传，获得普及，所以又称戴明环，其含义是将质量管理分为四个阶段，即 Plan（计划）、Do（执行）、Check（检查）和 Act（处理），如图 5-9 所示。

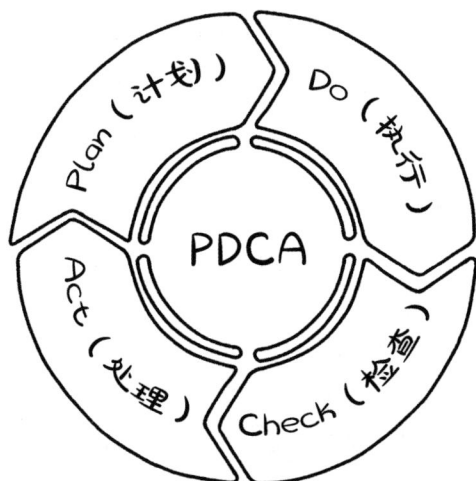

图 5-9 PDCA 循环

133

诗人汪国真有一句诗非常形象地描述了很多管理者的心理状态——"熟悉的地方没有好风景"。我们往往因为对 PDCA 太熟悉了，反而不愿意提它、用它。但别忘了，能把 PDCA 的马步蹲扎实了，基础管理工作就能完成 80%。此外，PDCA 不仅适用于质量管理，这四个阶段是推动工作的通用方法论，也同样适用于组织经验落地转化的方案设计。

5.2.1 Plan——计划

作为一名管理者，要推动组织经验落地，在"Plan"这个阶段应该怎么做？

尽管组织经验是经过实践验证的成功之道，但要所有人按照这套方法来执行仍然具有很大的挑战性。凡是改变，皆为不易。就像当初电脑从 Windows 7 系统升级到 Windows 10 的时候，尽管 Windows 10 在大多功能上明显优于 Windows 7，但在升级初期，很多人仍然不愿意升级到 Windows 10，甚至升级了没几天，又还原到 Windows 7。为什么？用不惯！就这么简单。一个人的习惯改变尚且这么难，更何况是一整个团队，一起换个姿势有多不容易。

不过，有很多团队成功推动了组织经验的落地转化。成功的秘诀是什么呢？

了解发现，这些成功团队的管理者无一例外将"推动组织经验落地"视为一种"变革"，都有意无意地参照领导变革之父——约翰·科特提出的"领导变革八大步骤"来执行（见图 5-10），因而取得了不菲的成效。

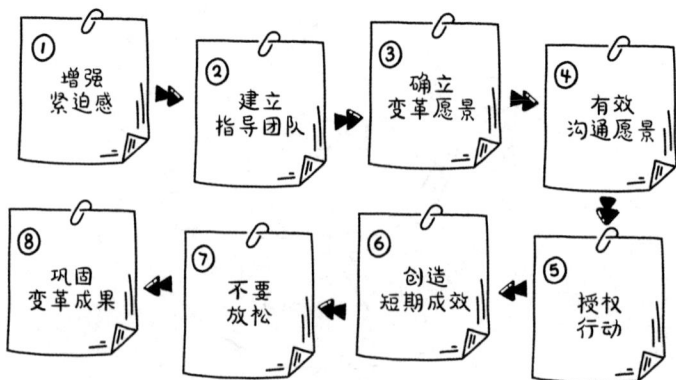

图 5-10 领导变革八大步骤

正如《礼记·中庸》里所说"凡事预则立，不预则废"。Plan 的工作做得越充分、越到位，经验落地的成功率就越高。

驱动团队求变，首先要有负责专项工作的核心小组（可以类比于"建立指导团队"）。联想著名的管理三要素——搭班子、定战略、带队伍，第一个要素就是搭班子。巴菲特也强调要捏好第一团雪，然后找一个足够长的坡。只有选对了人，第一团雪才能捏好捏紧。

其次是需要激发动机，让团队上下同欲，实现"要我做"到"我要做"的转变。激发动机，既需要"推力"也需要"拉力"。推力就是约翰·科特所说的"增强紧迫感"，要有一种力量在后面抽鞭子。拉力则是激发团队对美好未来的共同憧憬，就像兔子看到了前方挂着的胡萝卜，可以对应"确定变革愿景"和"有效沟通愿景"。

管理者在施加推力时，有三种方式可以参考。

1. 树立假想敌

找一个强大的竞争对手进行对标，往往能够激发团队赢的欲望。

2. 借力敲打

既可以借公司最高领导者之力提要求，也可以借客户之力倒逼改变。让我们来看下面这个案例。

×公司是专注做某款数智化工具研发和运营的企业。研发团队的小伙伴很多来自该领域的头部企业，能力不俗，经验丰富。这让研发中心的李总监喜忧参半。喜的是团队给力，产品迭代的速度很快，用户数量的增长非常迅猛；忧的是这帮小伙伴"神之自信"，听不进不同的意见，甚至连公司最高管理者的要求也未必接受，而且由于身处后端，对客户需求的敏感度严重不足。该怎么办呢？

李总监苦思冥想，终于找到了一记妙招。

每两周用在线的方式举办一次"产品吐槽大会"，邀请铁杆客户和研发工程师直接面对面，客户吐槽自己在使用产品过程中遇到的问题，反馈自己未被满足的需求，由工程师来答疑解惑和回应需求。研发工程师在与客户沟通时，被深深触动。

一方面感受到了铁杆客户对产品的"真爱"和殷殷期待；另一方面直观地体验到客户的需求，看到产品存在巨大的改善空间。回到工作中，小伙伴们整个心理状态和思维格局都被打开了，产品的竞争力也得到了快速提升。

无论是李总监，还是研发工程师和客户，无一例外越来越喜欢这种及时、坦诚的交流形式。到目前为止，"产品吐槽大会"已经连续举办了六十几期。李总监打算将这个原本阶段性的活动打造成一种与客户共创的长效机制，坚持一直办下去。

3. 置之死地而后生

韩信当年沿河布阵，让汉兵背水一战。为什么明明有违常理，却取得了胜利？因为韩信看透了人性，知道人在绝境中会逼自己"爆发小宇宙"。

除了"推力"，管理者最好能再给员工来点"拉力"。这方面，主要靠"利诱"和建立信心。

组织经验是从成功实践案例中提炼出来的，这些成功案例本身就是极好的"诱饵"。比如，有一家公司举办了"听我讲，你也可以获奖"的专题活动，邀请最佳实践的亲历者现身说法，介绍自己的做法和收益。比如，还有一家公司直接将半年总结会搬到了绩优分支机构所在的城市，不仅把会开了，还一并组织了标杆游学。在建立信心方面，目标跳起来够得着和计划感觉够靠谱是两个重要影响因素。作为一名管理者，一定会发现团队成员越早、越深入地参与前期决策过程，在执行决策的时候，阻力就越小。因此，强烈建议拉上团队的核心骨干成员，一起设定目标、共同讨论如何推动组织经验的落地转化，达成共识后制订路线清晰、分工明确的行动计划。意义感和参与感是新生代员工的重要诉求，管理者必须予以足够的重视。

总结起来大致有右边三点。

（1）告知目的，建立连接。

（2）明确策略，统一共识。

（3）多种形式，持续宣传。

俗话说得好，磨刀不误砍柴工。在 Plan 这个阶段，貌似实质性工作啥也没干，但内里已经涵盖了领导变革八步骤的前四步。有了这四步的充分铺垫，又形成了切实可行的目标和行动计划，可谓"万事俱备只欠东风"了！

5.2.2　Do——执行

接着在"Do"的环节，是对组织经验成果落地实施的过程，也有两个注意事项。

第一个注意事项是，萃取的组织经验如果颗粒度比较大，那么全面铺开的周期就比较长，涉及面比较广，一定要想方设法"创造短期成效"。通俗一点讲，就是要让团队成员尽早尝到甜头。

约翰·科特告诉我们，一场变革的成功，通常是目睹、感受、变革的过程（见图 5-11）。

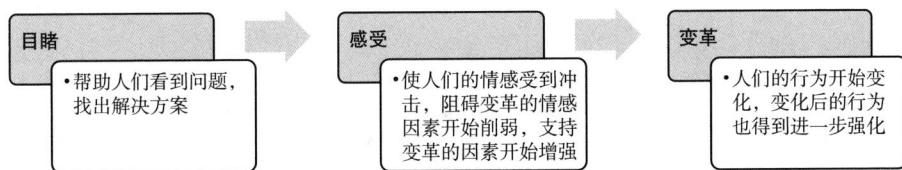

图 5-11　变革成功路径

这意味着当我们推广一个新的解决方案时，不一定要立即全面推开，可以先建立试点。

比如，可以在团队内部选择最有改变意愿和改变基础的小组，优先实施组织经验萃取的落地转化。通过试验组的打样和验证，一方面可以进一步完善此前萃取出来的组织经验成果；另一方面还能证明这套方案不仅适用于过去的案例，而且具有可复制性。

榜样的力量是无穷的，有了试验组作为榜样，其他组就可以更好地开展落地转化工作了。

到了全面推行阶段，"授权行动"，营造比、学、赶、帮、超的团队氛围格外重要。比如某手机公司在秋季旺季中组织"终端秋季大练兵大比武"活动，一个省为一个"战区"，由省分公司负责人带队参战，一手抓典型案例的浮现和组织经验的萃取，一手抓先进经验的推广和落地。为了营造竞争的氛围，他们专门在内部公众号上开设了专栏，随时分享案例和经验，播报各"战区"的最新动态。最厉害的是，每天公布各"战区"业绩排行榜。名列前茅的，笑逐颜开；倒数几名，压力山大，赶紧奋起直追。

第二个注意事项是，落地实施一般需要打组合拳。

1 第一"拳"先对员工进行赋能，使员工具有执行的能力。这个环节中，培训确实是比较重要的，不过培训的形式不局限于线下课堂，管理者可根据不同的学习场景，赋能方式既可以是在岗的线下带教，也可以是线上的移动学习，扩展到"721学习法则"完全可以衍生出丰富多彩的不同方式来。

2 第二"拳"是为落地实施提供机制上的支持，包含工具的改善、制度规范的确认、奖惩激励措施的配套等，这样才能促使员工实施解决方案。

3 第三"拳"是把整个落地实施过程分割成一个个"跳起来够得着"的小目标，不至于因为过远过大的目标导致望而却步，并且在不断庆祝胜利的氛围下进一步促进大家朝着最终目标前进。

因此，为了组织经验萃取成果更好地落地实施，我们可以先打样、再推广，同时注意为员工赋能，辅以机制支持从而实现全局规划、分段实施。

5.2.3 Check——检查

前途是光明的，道路是曲折的，组织经验萃取成果落地转化的过程也不是一帆风顺的。所以，管理者要高度重视第三个阶段"Check"的工作。如果没有检查，很难了解实际执行的情况，更谈不上及时纠偏。

"Check"包含了两个动作。一是检查执行情况。大家是否按照组织经验萃取成果的要求严格执行呢？如果没有，必须进行认真、严格的整改。二是过程及结果评估。已经落实的团队或者个人，他们的工作绩效是否得到了改善，以及改善的程度是多少。若没有改善或改善程度很小，应及时分析原因并进行调整。

5.2.4　Act——处理

最后一个阶段"Act"处理，也可以理解为"改善"，同时它是一个"巩固变革成果"的阶段。

常言道"没有最好，只有更好"，组织经验萃取的成果亦是如此，它并不是静态的，也不是放之四海而皆准的，它不断逼近于最佳实践，但永远不可能实现真正的最佳。在"Act"阶段也要做两个动作：一是，针对落地实施过程中存在的不足进行改善、优化。事实上，一个大 PDCA 循环是由很多个小 PDCA 循环嵌套构成的，不断地发现问题，持续地解决问题，跑顺了小循环，大循环自然而然也就顺畅了。二是，一轮大的"PDCA"落地实践之后，会产生新的案例和经验，管理者要及时把这些新案例、新经验整合到原有的组织经验中，对解决方案进行迭代升级，从而实现"波浪式前进，螺旋式上升"的良性状态，如图 5-12 所示。

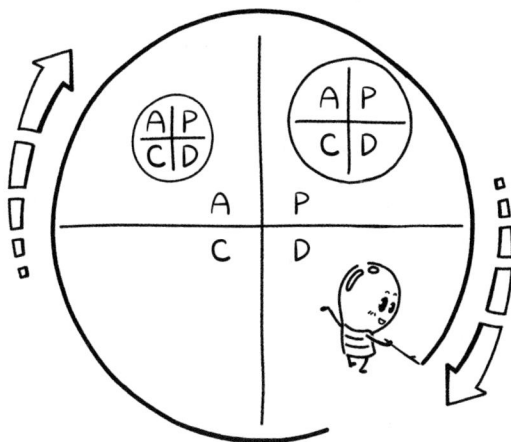

图 5-12　大循环嵌小循环

当管理者把组织经验萃取的成果作为上好的肥料为团队之田施肥，以绩效改进的思维，按照 PDCA 循环的方法最终使业务之树结出了丰硕的果实，就会惊奇地发现，显性成果的背后还隐藏着巨大的隐性成果，那就是你所带领的团队越来越呈现出学习型组织的特点，所有的成员也逐渐养成了打胜仗、拿结果的习惯。这种内化于心、外化于行的深层次团队文化塑造，会极大激发团队成员的心力，是管理者领导力的一种体现。

应该说，"4D"中的前三步界定主题、挖掘素材和萃取智慧是输入阶段的工作，而输入的目的是输出，因此第四步设计方案才是从经验到业绩增长的桥梁。我们甚至认为，D_4 设计方案不应该等到前三步跑完才开始，而应该在 D_1 界定主题阶段就一并考虑，这样才能达到以终为始、顶层设计的效果。

--- **【案例】某公司全国专卖店店内直播推广方案** ---

在完成"如何组织实施店内直播"的经验萃取后，拟在全国各专卖店进行全面推广，本次项目为期三个月，主要目标如下：

（1）为各专卖店配备店内直播条件，在淡场时段开展直播活动，让线上线下一体化的零售模式成为一种常态机制。

（2）店长需要掌握组织直播的能力，导购需要掌握主播的能力，其他终端营销人员能够协助实施直播活动。

（3）按照执行标准，A 类店和 B 类店组织三场以上直播活动，对店长及导购进行考核，各区域公司的考核通过率不低于 90%。C 类店铺暂不列入考评范围。

为达成以上目标，拟按照 PDCA 的框架分阶段实施行动计划。具体见表 5-3、表 5-4。

表 5-3　分阶段实施行动

阶段	模块	时间	地点	事项	方式	部门/人员	备注
第一阶段：筹备启动	前期准备	×月×日前	/	采购和分备一体化直播设备和物料	公司总部统一采购，供应分区域直接发货	营销中心、采购部	
		×月×日前	/	拟定全公司框架性项目方案及考核机制	/	营销中心	
		×月×日前	/	零售信息系统直播数据模块开发	实现对直播数据的自动导入与分析，形成数据"仪表盘"	营销中心、信息化部	
		×月×日前	/	编写赋能资料套装	/	萃取工作组	详见附表
	项目启动	×月×日	店内直播全国标杆全区域公司所在城市	项目启动会	(1) 行业内直播发展与趋势（含标杆店案例）发布。(2) 全公司框架方案发布。(3) 分组研讨制定本区域公司具体计划。(4) 标杆专卖店（即经验萃取对象）实地参访	营销中心、区域总/分公司、区域拟入选试点店店长	每个区域公司选择 3～5 间专卖店作为首批试点
第二阶段：赋能推广	集中赋能	×月×日至×月×日	公司总部大楼	店内直播特训营	集中封闭式培训，训战一体、掌握店内直播流程、方法、工具、技巧等	营销中心培训部、终端培训师、区域拟入选试点店店长	
	试点打造	×月×日至×月×日	各区域公司	区域标杆店（试点）打造	(1) 店内"直播间"的架设。(2) 相关人员的直播实战。(3) 样板考核接受验收	区域公司培训部、终端培训师、试点店店长	
	分区赋能	×月×日至×月×日	各区域公司	区域公司店内直播特训营	结合月例会、周例会集中培训和晨会碎片化训练	营销中心培训师、区域参训的本区域终端人员、试点店店长	各区域公司店长集中一次集训，实际导购情况分批、分班
	全面推广	×月×日至×月×日	各区域公司	在 A 类店和 B 类店全面推广直播销售	(1) 试点店店长作为导师对口传帮带。(2) 优秀直播录屏成视频上传 E-learning 平台，供观摩。(3) 遇到问题在 E-learning 平台 Q&A 专栏提问，其他人均可分享经验、提供建议	区域公司专项负责人、A/B 类专卖店店长	融合本区域试点经验

续上表

阶段	模块	时间	地点	事项	方式	部门/人员	备注
第三阶段：考评验收	门店自评	×月×日至×月×日	A/B类专卖店	各门店对落实执行情况自评	(1) 以门店为单位自评。(2) 对存在的问题进行整改。(3) 对存在的困难，请零售培训师提供对口支持	各店长 终端培训师	/
	区域考评	×月×日至×月×日	各区域公司	区域公司对各门店实执行情况与技能水平进行考评	(1) 直播数据报表审核。(2) 直播过程观摩打分。(3) 基础知识E-learning平台线上测试	营销中心培训部（线上知识测验） 区域公司专项负责人 终端培训师 特聘考评委（实战考评）	
	总部抽检	×月×日至×月×日	各区域公司	总部对区域考评情况进行抽检	(1) 由各终端培训师在总部统一安排下交叉区域抽检。(2) 对抽检发现的问题组织整改	营销中心 终端培训师	/
第四阶段：总结改善	总结表彰	×月×日	总部大楼	总结表彰会	(1) 发布项目成果。(2) 总结项目情况。(3) 评优，表彰先进	分管副总裁 营销中心 区域总\副总 部分终端员工代表	
	升级迭代	×月×日至×月×日		萃取各区域公司先进经验	(1) 萃取最新案例和经验，形成2.0版直播方案。(2) 修订赋能终端套装配套工具	萃取工作组	
	常态检查	全年		按照制度规范考评日常情况	/	营销中心，各区域公司	

表 5-4　赋能套装清单

序号	载体 / 容器	责任人	完成时间
1	店内直播操作手册	吕 **	202× 年 ×× 月 ×× 日前
2	"直播间" 布置图与环境提示卡套装	钟 **	202× 年 ×× 月 ×× 日前
3	直播达人培训课课件包	胡 **	202× 年 ×× 月 ×× 日前
4	优秀直播录屏视频合集（含专家点评）	陈 **	202× 年 ×× 月 ×× 日前
5	实战问题 Q&A	陈 **、吕 **	202× 年 ×× 月 ×× 日前

练一练

完成以下练习，看看你对本章的内容掌握得怎么样。

1.（选择题）"721 学习法则"中占比 70% 的能力提升来源于____，占比 20% 的能力提升来源于____，占比 10% 的能力提升来源于____。

①互动中学　　　　②实践中学　　　　③课堂中学

2.（多选题）"3J" 原则包含哪些？（　　　　　）

A. Just For Me

B. Just Enough

C. Just For Fun

D. Just In Time

3.（多选题）建立紧迫感可以从哪几方面入手？（　　　　　）

A. 拉力

B. 活力

C. 推力

D. 支撑力

笔记

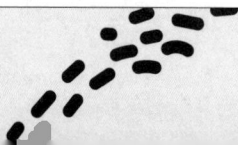

第6章
组织内如何推动
经验萃取

想一想

1. 如何才能让业务专家愿意"掏心掏肝"地分享经验？

2. 在你的团队内，用哪种方式推动组织经验萃取最适合？

6.1 萃取的四种常见形式

管理者在团队内部推动组织经验萃取，有很多种方法。按照操作模式的不同，大体上可以分为以下四种，如图 6-1 所示。

图 6-1 自萃、萃他、群萃、混萃

1　　第一种是自萃，也叫"个人式萃取"，是由每一位自带最佳实践的业务专家，对自己的经验进行萃取，形成成果。

2　　第二种是萃他，也叫"访谈式萃取"，是由掌握了萃取技术的人，遵循"4D"的流程，对业务专家进行访谈，从访谈的内容中萃取出组织经验。

3　　第三种是群萃，也叫"共创式萃取"，是由若干位业务专家聚在一起，通过群策群力的方式，共同生成围绕某一个萃取主题的组织经验。

4　　还有一种是混萃，我们也把它称为"混合式萃取"，是把"自萃"、"萃他"以及"群萃"进行各种组合之后诞生的"超级物种"。

这几种萃取方式各有适用的场景。

我们在第二章把萃取主题按照颗粒度从大到小分为超大颗粒、大颗粒、中颗粒、小颗粒和微颗粒五个级别，一般颗粒度越大的主题，萃取的方式越复杂。

微主题、小主题完全可以通过自萃的方式来实现。自萃是几种萃取方式中最轻量的，可以全员展开，人人都能做萃取，而且自萃不受很多条件的约束，比较容易执行。比如组织一场案例萃取大赛又或者"一招鲜"的"大比武"，都能推动自萃的开展。

不过，自萃一般只适合萃取颗粒度小的碎片化的经验，由于是个人总结自己的经验，也就意味着萃取出的经验比较个性化，其系统性和可迁移性相对偏弱。当它用来应对更大颗粒度的主题时，就显得有些捉襟见肘了。

对于小颗粒主题和中颗粒主题，我们主张用萃他或者群萃的方式来进行，这两种方式各有利弊。萃他的优势在于萃取的人通常更熟练地掌握了萃取技术，加之不是实践的亲历者，更容易保持局外人的独立思考与观察，也更具有批判性思维。但凡事一体两面，局限性也在于萃取的人不是亲历者，对所萃取的主题的研究和理解往往比较浅，导致无法和访谈的业务专家进行高质量对话，致使信息挖浅了、挖少了，甚至挖偏了，影响萃取成果的含金量。

这里提供一个全国性财险公司的萃他项目案例给大家参考。

D公司是一家知名的全国性财险公司，全国各分支机构有不同的成功经验和亮点表现，公司计划培养一批萃取师，由他们采取"萃他"的方式，通过访谈分别萃取各分支机构成功经验并向全国推广，于是找我们一起设计了一期线上线下融合的OMO组织经验萃取项目。具体分为三大阶段。

第一阶段：线上训练营

● 时长：3周。

● 对象：初步甄选的萃取师约100人。

● 目的：让学员初步具备组织经验萃取能力，并产出可在小范围内使用的初步成果。

● 主要环节如下。

（1）初步成果：为学员提供一套企友原创版权视频课程《4D——基于最佳实践的组织经验萃取》，并通过线上运营，助力学员分段完成微课自学，学员确定主题后，对匹配该主题的绩优分支机构展开访谈，然后依据访谈记录撰写案例，完成初步萃取。

（2）辅导答疑：针对学员的学习情况，穿插一次直播课，补充部分知识及答疑，再组织一次线上集中辅导对初步成果进行共性反馈，助力学员自行优化。

（3）内部评估：组织内部评委对初步成果进行评估，并根据成果质量等筛选出进入第二阶段进一步精进的主题和人员。

第二阶段：现场工作坊

● 时长：3天2夜。

● 对象：经过第一阶段甄选的萃取师约30人。

● 目的：重点知识回顾＋技能提升与扩展补充，边学边练，让学员提升组织经验萃取能力，并产出可全国性推广的萃取成果。

● 主要环节如下（见表6-1）。

表6-1　主要环节

第一天	◇ Part1: 针对学员此前经验萃取成果进行点评,主要是主题的纠偏及访谈的力度、方向的修正。 ◇ Part2: 案例写作的提升性教学。 ◇ Part3: 优化访谈提纲，再次连线绩优分支机构，开展补充访谈
第二天	◇ Part1: 案例点评、优化。 ◇ Part2: 组织经验的打磨、完善。 ◇ Part3: 制作成果PPT，做好发布准备
第三天	◇ 成果发布会：成果展示、评委评分与现场点评、评优颁奖

第三阶段：推广与应用

● 时长：3个月。

● 对象：萃取出的组织经验成果。

● 目的：成果推广、落地应用。

● 主要环节如下。

（1）后续推广：通过图文类微课、公众号推广、访谈宣传、视频推广等方式进行成果推广，并在推广中通过学习者的反馈，查缺补漏，完善经验。

（2）成果最终定版后，统一编号，上传公司案例库。

个性化经验和碎片化经验没有被整合提炼成为系统化的共性经验之前，其价值是有限的，可迁移的程度和普适的有效性存在某种程度的缺陷。群萃通过业务专家组队共创，很好地解决这些弊端，既没有萃他的局限又能避免自萃的片面性。同时，群萃也是业务专家之间的一次深度交流，有助于业务专家的能力提升，是个一举两得的过程。

下面这家标杆企业的群萃项目，可以供各位管理者参考。

L公司扎根照明行业20多年，已成为行业标杆企业之一。在业务发展过程中，公司积累了大量最佳实践，希望召集一批业务专家迅速萃取，沉淀出可推广的组织经验。最终，我们一起策划并完成了这样一期以现场工作坊为核心的组织经验萃取项目。

—— 前期：翻转课堂 ——

- 时长：1周。
- 目的：共识目标，让学员初步了解选题要求，并初步界定所选主题的边界，收集相关素材。
- 主要环节如下。

（1）定主题及人选：甄选10个高价值萃取主题，并召集主题相关业务专家组建萃取小组。

（2）线上说明会：说明项目背景、目标、进程等，并进行答疑。

（3）翻转课堂：提供两节视频微课，供学员自学组织经验萃取的认知、如何确定选题，并完成主题边界表（可见第二章表2-3内容）初稿，收集相关素材，为现场工作坊做准备。

—— 中期：现场工作坊 ——

- 时长：3天2夜。
- 目的：边学边练，掌握4D组织经验萃取技术，并制作成果初稿。
- 主要环节如下（见表6-2）。

表6-2　主要环节

第一天	◇ D_1 界定主题：翻转课堂知识回顾竞答＋萃取主题点评与优化。 ◇ D_2 挖掘素材： ——"回顾目标与事实，还原本相"教学＋案例整理实战； ——"分析根因，穿透本质"教学＋成功关键因素和失败根本原因分析总结实战； ——撰写完整案例
第二天	◇ 案例点评、优化。 ◇ D_3 萃取智慧： ——"从案例中萃取'道、法、术、器'，显性呈现组织经验"教学＋组织经验萃取实战
第三天	◇ D_4 设计方案：教学＋实战＋抽选点评。 ◇ 各组整体成果汇总、优化。 ◇ 萃取王中王PK：各组选出代表，对成果进行展示，互相点评、投票选举。 ◇ 结语＋学员代表分享：我的收获与行动

—— 后期：优化、应用 ——

● 时长：1个月。

● 对象：萃取出的组织经验成果。

● 目的：成果优化、落地应用。

● 主要环节如下：

（1）萃取成果优化。

（2）组织内部分享会。

（3）成果优化后开发成课程，列入年度培训计划，对员工展开赋能。

至于大颗粒主题和超大颗粒主题，那就需要用混萃这种方法了。混萃的好处就在于能够深入萃取，能够研究大型主题，但是它操作比较复杂，周期也比较长，一般建议邀请专业机构的资深萃取师来协助实施。

在萃取方式的选择上，要综合考量萃取主题颗粒度的大小、萃取想要达成的目的以及团队自身现实条件。具体总结如表6-3所示。

表6-3　萃取方式一览表

	萃取类型	适用主题颗粒	优　势	劣　势	辅助技术
自萃	个人式萃取	微 / 小颗粒	●轻，人人可做，不受太多约束	●不适合大颗粒主题； ●个性化，系统性、可迁移性较弱	\
萃他	访谈式萃取	小 / 中颗粒	●不是实践的亲历者，更有批判性思维	●对主题的研究和理解较浅，可能影响萃取质量	访谈技术
群萃	共创式萃取	小 / 中 / 大颗粒	●群策群力，解决个性化、碎片化的弊端； ●经验交流活动，培养专家一举两得	●批量业务专家集中在一起，不易组织； ●共创过程策划和组织的复杂度高，主持人需要较强引导能力	引导技术
混萃	混合式萃取	大 / 超大颗粒	●深入； ●可驾驭大型主题	●周期长，复杂； ●一般需要第三方支持	咨询技术

可见，访谈式萃取需要访谈技术来提供助力，共创式萃取需要引导技术来提供助力。下面两节分别介绍怎么访谈以及怎么引导共创。

6.2　萃他：访谈技巧

萃他，也就是访谈式萃取，应该怎么有效地展开访谈呢？

我们将萃他中的访谈工作总结成了一个"3×2"的公式。"3"代表的是访谈的三个阶段：访谈前、访谈中、访谈后。"2"代表每个环节的两个关键点，具体就是访谈前准备两项内容，访谈中运用两种最主要的提问方式，访谈后做出两个收尾的动作，这些要并起来做。图6-2为访谈技术的"3×2"公式。

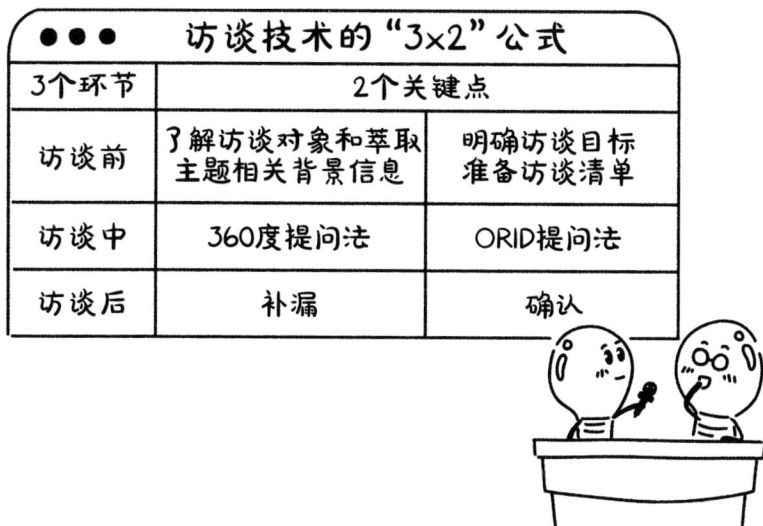

图 6-2　访谈技术的"3×2"公式

—— 【访谈前】 ——

先来看看，如果你是被访谈的对象，有小 A 和小 B 两个人分别找你访谈，你会更愿意跟哪一位聊天？

小 A："赵经理，您来公司几年了？一开始做的是什么岗位？"

小 B："赵经理，听说您刚来公司的时候是先到门店，短短三年时间就从一个导购做到今天的大区经理，好厉害呀。我刚毕业的时候，也在终端做了两年导购，跟您相比，我的差距真是不小。"

相信大多数人会毫不犹豫地选择接受小 B 的访谈。因为一方面，小 B 表达出了他内心对赵经理的欣赏和认可，同时通过共同的职业经历拉近了彼此的距离；另一方面，他事先做过功课，态度比较端正。这就是访谈前准备的第一项——访谈者得深入了解访谈的对象。不仅如此，我们还应当收集与萃取主题相关的背景资料，比如工作流程、标准操作手册、历史数据，或者相关的工作总结汇报、媒体报道等。了解这些背景信息将对我们的访谈发挥重要作用，千万不可小觑。

主持人杨澜给我们做了一个很好的示范。《杨澜访谈录》是一档高端访谈节目。她在《提问》一书中说道："我一直认为，在采访和沟通中固然需要临场应变与发挥，但事先扎实的'功课'才是真正靠谱的朋友。简单做过一个统计，每次专访前，我都要阅读十万到二十万字的书籍和资料，以期对受访者和他所在的专业领域有基本的了解。"杨澜尚且如此，更何况我们这些非专业级别的访谈者呢。

有了对访谈对象的了解和主题相关的背景资料之后，还有一项需要准备——明确访谈的目标，并围绕目标准备一份访谈清单（见表6-4）。

表6-4　访谈问题清单示例（部分）

访谈对象		部　门		岗　位	

1. 大家都说×××这个事儿您做得特别好，能介绍一下当时事情发生的背景吗

2. 当时，您的任务是什么？事情的结果如何

3. 能概要回忆一下当时整件事情的经过吗

4. 在这个过程中，有没有遇到一些挑战和挫折？您当时是怎么思考的？又是如何解决这些难题的

5. 在您看来，这件事情之所以干得这么漂亮，最主要的成功关键因素有哪些？为什么是这些因素，而不是其他

6. 现在回想起来，还有没有一些让您觉得遗憾的点？如果让您重新做一次，您打算采取哪些行动来减少遗憾呢

7. 您还有没有同类主题的其他经历？方便一并分享吗

8. 当时有留下一些历史数据或资料吗？比如视频／照片／文档等

9. 据您所知，咱们公司还有没有其他人把这活干得特别溜的？能推荐给我吗

10. …………

访谈问题清单主要用于帮助我们理清思路、聚焦重点。结构化访谈可以最大化地防止跑题或发生重大遗漏。一般情况下，双方简单寒暄之后，引出要访谈的案例

事件，然后围绕主题挖掘具体信息。时间、地点、人物等，是一件事情的背景信息。起因、经过、结果等，是一件事情演变的过程。在案例中，含金量最大的点，往往蕴含在面对挑战需要作出两难决策或者遭遇挫折绝地反击时，主人公所思所行的细节里。我们也把这些存在冲突的地方称为"关键细节"。第三章挖掘素材中提到的SCAR，是帮助我们从背景、冲突、行动、结果四个要素着手更有条理地获取信息的好工具。事实上，更大的可能性是 $SC_1A_1R_1 \cdot C_2A_2R_2 \cdots CnAnRnR$，因为在一个典型案例中往往挑战是一系列的，是在不断遇到问题、不断解决问题之后，终于苦尽甘来，拿到了一个超越目标的结果。挖掘完案例信息，访谈者还可以请受访者提供同类主题的其他经历、与案例有关的历史资料，以及推荐案例的其他亲历者或有同主题经历的其他业务专家。

【访谈中】

访谈过程中，要重点做好几个方面，我把其概括为细、深、广、实四个字。

1. 细

所谓"细"，指的是要充分挖掘细节。如果把案例比作一张照片的话，我们需要通过访谈，使这张照片尽可能成为一张高清大图。很多经验藏在细节中。第三章中介绍过的5W3H给我们提供了八个最重要的细节。当然，访谈中不大可能像查户口一样逐一盘问，这种机械式的发问容易给人造成强大的压迫感，很容易引起受访者的逆反情绪。这时，如果能将5W3H和360度提问法（见图6-2）组合起来，就能很好地解决这个问题。

让我们来看下面这个案例。

小 A："经理，你的销售业绩已经连续三个月是我们分公司的冠军，你是怎么做到的？"

经理："这个吧，其实我主要就做两件事情，第一是想办法去增加连带销售，第二是充分利用换季的促销政策来拿大单。"

    小 A："哦，这样子，那……那……"

    经理："你……你还有什么要问吗？"

    小 A："我……我……"

    经理："没其他问题的话，那我先去忙了。"

    小 A："哎！哎！我好像还没问完……"

上面这个案例所展示的访谈过程显然不大顺畅，也没有取得有质量的访谈成果，几乎陷入了"尬聊"的境地。

有了 360 度提问法，访谈者就可以像剥洋葱一样层层推进地去提问，打开话匣子，抛出十万个为什么。360 度提问法有三个提问方向，分别为上堆、平移和下切，如图 6-3 所示。

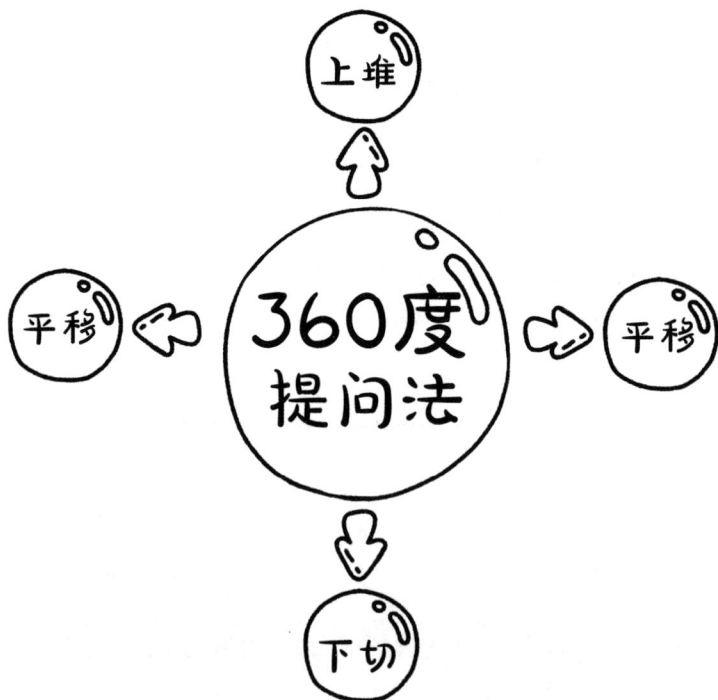

图 6-3　360 度提问法

上堆，比如"您刚刚分享的心得体会，如果用一句话来概括，您会怎么描述呢？"听出来了没有？它是一个往上走的、做话题总结的动作。

平移，比如可以问"除了这个案例，您还经历过其他类似的事件吗？"这是一个往平行方向开拓一个新话题的过程。

下切，就是我们进一步剥开更里边的洋葱皮，围绕一个信息点往下挖掘更细的、更深的内容。

举个生活中的例子，感受一下 360 度提问法的魔力。

假设有位内敛男孩名叫小南，经常遇到心目中的"女神"小雅，每次碰面都不知道聊什么，错过了很多机会。一天，在茶水间小南又遇上了小雅，小南鼓起勇气找了个话题：

"小雅，你平时下班后都做什么呀？"

"女神"小雅回答："我比较宅，下了班就喜欢在家听听歌、看看电影。"

一般来说，小南这时候已经开始尴尬了，因为不知道接着怎么往下聊。但是，当他用 360 度提问法后，这个问题就迎刃而解了。

小南可以问："小雅你喜欢听歌，那你喜欢听谁的歌？"

小雅回答："我喜欢听小伦的歌。"

这组对话小南用到的是什么提问方式呢？用的是下切，是就着上一个话题往下深挖。接着又可以怎么聊？有一种方式是继续下切。

"你最喜欢听小伦的哪一首歌？"

当然也可以平移，可以这样问：

"除了小伦的歌，还有没有其他哪位歌星的歌你也喜欢？"

这样小南和小雅就可以聊很久。等聊得差不多了，该怎么办？此时，小南不妨这么收个尾：

"小雅，没承想咱俩竟然都喜欢小伦的歌，连最喜欢的曲目也差不多。你觉得这算不算是一种难得的缘分呀？听说下周末正好有他的演唱会，咱们一起去怎么样？"

这就是做了上堆。

在访谈中，我们也可以沿着下切、平移、上堆这三个不同的角度进行发问，不断从访谈对象那儿挖掘出更多、更丰富的案例细节。

2. 深

所谓"深"，指的是不要停留于表面的信息，而应该透过现象挖掘背后的本质，不仅要了解受访者是怎么做的，还要追问他当时是怎么想的，为什么是这样决定、不是那样决定。

在第四章中，我们讲解过 5WHY 的方法。通过连问五个为什么，可以找到真正的根本性原因。除此之外，还可以用 ORID 这个方法纵向挖掘受访者行为背后的心路历程。

ORID 又被称为聚焦式会话法，是由约瑟夫·马休斯率先总结出来的。

ORID 分别是由数据（Objective）、体验（Reflective）、理解（Interpretive）、决定（Decisional）这四个英文单词的首字母提炼而来。

表示数据层面，指的是一些客观性问题，是我们通过五官看到、听到、摸到、尝到、闻到的，这样就形成了一些事实和数据。

O

是反应性问题，它是一个体验的层面，是参与者情绪的反应，对一件事情的感受、感觉，以及我们产生的一些联想。

R

是理解层面，也叫诠释性的问题，是关于意义、目的、信仰、重要性、价值等的一个诠释。

I

是决定层面，又称为决定性问题，这里就会涉及"我们既然这么理解了，我们有这样的一些感受，我们可以做些什么？我们如果下一次再做这件事情，会有什么不同？"等问题，涉及后续采取的行动。

D

总结一下，其实就是"见、感、思、行"（见图 6-43），是人脑从外界接收信息，进行内部处理，最后再外化为行动反应的天然过程。

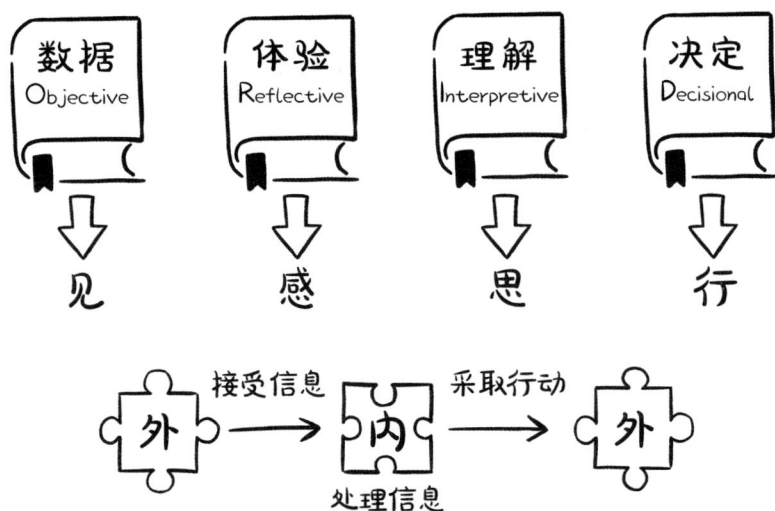

图 6-4　ORID

来看个例子：

晚上我走进了一条漆黑的巷子，这时候我内心感到非常害怕，究竟应该停在巷子口叫家人来接我，还是鼓起勇气自己走回家。叫家人来接，既麻烦了家人又显得我太胆小了。我想了想，最后还是决定鼓起勇气自己走回家。

这是一个人非常自然的心路历程，其事实上就是ORID方法的运用。数据（Objective）层面是"我走进了一条漆黑的巷子"；体验（Reflective）层面是"我感到非常害怕"；理解（Interpretive）层面是我当时的一个分析，过程是我在想我究竟应该怎么办，认为"叫家人来接，既麻烦了家人又显得我太胆小了"；决定（Decisional）层面就是"我决定鼓起勇气自己走回家"。

再看一个工作中的例子：

这些人竟然讨论了半天，提不出任何解决方案（O），我感到非常生气（R），他们完全没有用心，也缺乏执行力（I），我把他们狠狠骂了一顿（D）。

这也是一个很自然的反应过程，背后的运作逻辑也是ORID。

了解了ORID是什么，那么如何运用ORID法进行深度访谈呢？

我们曾访谈过一位高业绩的零售店导购，她在销售时有个特点，每次接待手拿重物的顾客时，都会向顾客建议把物品放到收银台寄存，在顾客同意后又非常主动地接过顾客的物品并拿到收银台，这个动作一气呵成，她做得非常自然，俨然已成为一种习惯。其他导购都没有这个意识，为什么她会这么做呢？此时完全可以用ORID法来深挖这位导购行为背后的心智模式。

问："您接待顾客的时候，看到了什么？"——问O，客观事实。

导购："我看到她拿了一大袋的东西，有衣服，又有超市的东西，还有玩具。"

问："当你看到这一幕的时候，有什么感受？"——问R，体验感受。

导购："她拿着这么多东西逛街，肯定觉得很不方便。"

问："那你觉得这样的情况会带来什么影响？"——问I，理解。

导购："这位顾客这么麻烦了还继续逛，大概率有很强的购物需求。不过手上拿着那么多东西，我猜她肯定待不了多久，这样会缩短我销售的有效时间。"

问："原来你是这么想的，那你采取了什么行动？"——问 D，决定行动。

导购："所以我决定要在征得她同意的情况下，帮她把手中的重物接过来，放到收银台存放，让她安心在我们店逛。"

通过 ORID 的四个问题，我们成功地挖掘出了这位导购做"主动接过顾客的重物放在收银台"这个动作背后的思考，这样访谈可以挖掘出更多表象背后的心智模式，在纵向上挖掘出事件的底层逻辑，真正做到了"知其然，知其所以然"。

要做到深，双方还可以考虑在访谈过程中趁热打铁，直接做一些经验的初步萃取，请受访者分享心得体会，归纳成功关键因子。也就是说在 SCAR 的后面再加一个 R（Reflect 反思）。

3. 广

所谓"广"，指的是打破思维惯性，探寻更多的可能性。比如想让受访者穷举更多信息，可以追问："还有其他的吗？"想让他尝试用逆向思维思考问题，可以追问："为什么不呢？"

还可以通过假设性问题，让受访者更换观察事物和思考问题的框架。

（1）**换时间**：如果是现在的你，遇到当时那种被客户投诉的情况，你还会像当时那样处理吗？

（2）**换空间**：你说当时送货上门，需要 1 个小时车程，确实有点远，如果今天我们是在北京，同样 1 个小时车程，你还会觉得远吗？

（3）**换人物**：如果你是你的客户，遇到你这样的供应商，你觉得你会感到满意吗？

还可以假设受访者处于极限之中，来试探他的"底线"。假如这一单不这么做，公司会遭遇巨额损失，直接导致破产，你还会坚持另一种做法吗？

4. 实

所谓"实"，指的是要尽量减少模棱两可的信息，要对得到的信息进行交叉验证以确保其真实可信。当受访者给出了模糊不清的表述时，我们不妨用 10 分制评价法让对方打打分，将定性描述转化成定量评价。

比如，你刚刚说当时想过要做，只是最终放弃了。如果满分 10 分，你当时想做的程度可以打几分？主要的得分点有哪些？扣分点是哪些？其中哪几条导致你最终选择了放弃？

当受访者的信息泛泛而谈、条目众多、无法有效聚焦时，不妨用强制排序法让对方排序，选出前三位的条目。

做到了细、深、广、实，访谈质量就得到了更有力的保障。

访谈的末尾，建议做以下几个小动作。

（1）感谢受访者接受自己的访谈。
（2）归纳性陈述访谈获得的内容要点。
（3）预邀约可能需要的下一次补充沟通。

这里稍微提醒一下，要做到以上这些，有一个前提，即访谈者和受访者之间建立了信任关系，营造了良好的对话氛围。这个问题，我们放到本章第四节中探讨。

【访谈后】

访谈结束后，有两个收尾动作非常重要。第一个是补漏，访谈后肯定要整合信息，当整理发现还有一些疑点，怎么办？可以找本人或相关人员再做一些补充性访谈，填补信息的缺漏。第二个是确认，整个案例完成还原之后，强烈建议把案例材料给当事人浏览确认一下，既表达尊重，也能够确保整理的信息无误。

访谈是一门技术，同时也是一门艺术。所有访谈技术背后的"道"，是访谈者内心永葆好奇、思维永远开放，对受访者充满欣赏和坦诚，对透过现象看本质孜孜以求。该访谈技术如何实战应用，下面的案例以及剖析供各位管理者作为参考。

按约定见面，坐定后，丁伟开始了对大堂经理李文的访谈。

问："李经理您好！我是丁伟。感谢您接受访谈。"

答："你好！"

问："请问您负责咱们大堂经理的工作有多长时间啦？"

答："1 年多吧。"

问："听说您很擅长处理客户的投诉？"

答："也没有啦。"

问："您不用谦虚，跟我们分享一个最近处理客诉的例子吧！"

答："让我想想……最近好像没有什么特别的客诉处理。"

问："怎么会呢？每天这么多人，总会出问题的吧？"

答："怎么？没有问题还不好吗？"

问："哈哈，我当然不是这个意思……要不您聊聊上个月大家都传开了的那个事件，就是那天有位先生来柜台取款，结果差点要直接销户，还好您接手处理好了。您讲讲那天的经过？"

答："经过就是，我带那位先生去贵宾服务厅，了解了具体情况，发现问题出在……，后来我……，顺利解决了问题，避免了一次重大客诉。"

问："就这样？"

答："对啊，就这样，没什么特别的。"

—— 分　析 ——

1.开场

首先点赞：有问好、自我介绍、感谢等，还有一点寒暄的意识（询问担任大堂经理的工作时间）。如果在访谈之前先寒暄一下，营造较为轻松的氛围，能够让彼此更放松，为访谈奠定良好的基础。

同时，当前的入题还是偏快，还未形成良好的氛围，可以再多聊聊轻松些的话题。

2. 提前做好功课

既然提前预约，完全可以提前了解访谈对象的情况，有一些问题完全不需要问，而是陈述表现对对方的了解，这也表达了对对方的尊重和重视。比如"请问您负责咱们大堂经理的工作有多长时间啦"，提前做好功课的话就能直接说"您负责咱们大堂经理的工作一年七个月了，虽然时间不算很长，但是一说到应对客户投诉的高手，大家首先想到的都是您呢，所以我赶紧过来找您取取经……"

当然，后面能够描述出案例梗概，"要不您聊聊 3 个月前那个大家都传开了的事件，就是那天有位先生来柜台取款，不料闹得很不愉快，甚至要直接销户，还好您接手处理好了……"说明还是做了一些功课。

此外，也存在现场一时想不到典型案例的可能性，提前将访谈提纲或准备提醒发给访谈对象，能够降低相应的风险。

3. 有些发问不恰当

比如"听说您很擅长处理客户的投诉"这种问题，根本不需要问，或者是根本不需要对方回答，直接接上后面的内容，比如放在寒暄部分——"听说您很擅长处理客户投诉，不知道有哪些秘诀？今天我可要好好学习学习……"

还有"怎么会呢？每天这么多人，总会出问题的吧"，差点引发不良回应。其实，既然有提前了解到的案例，可以直接提起，省掉这一段需要临时选择的情况。

4. 有些发问不准确 / 没有深挖

尤其案例的关键细节。

"您讲讲那天的经过"对有些人来说是比较宽泛的，给出的回答也比较笼统。因此，可以借用 SCAR 和 360 度提问法进行结构化的深挖。具体如下。

问："那是 ×× 月 ×× 日上午对吧，当时正好您值班，事情发生的时候是什么让您关注到了柜台的情况？"【S 背景，C 冲突】

可能的回答："当时我正在帮一位先生在超级柜台上申请新卡，忽然听到那个方向声音比较大，我意识到可能出现了情况，就赶紧过去。"

问："您当时过去的时候，听到或看到了什么？"【A 行动，下切，问 O 客观事实】

可能的回答："我看到那位先生有点激动，音量也有点高，大堂里的其他客户也开始关注他们了。"

问："那您当时有什么感受？"【下切，问 R 体验感受】

可能的回答："我有点担心，显然那位先生的情绪已经上来了，眼看着形势就要控制不住了。"

问："当时现场应该有点紧张了，那您觉得这种情况会带来什么影响？"【下切，问 I 理解】

可能的回答："那肯定影响不好，而且大堂里的其他客户也会受影响。"

问："所以，您采取了什么行动？"【下切，问 D 决定行动】

可能的回答："我决定先安抚那位先生的情绪，并且将其带到贵宾服务厅去解决问题，避免造成更大范围的不良影响。"

问："那您具体怎么说的呢？"【下切，挖掘更多行动细节】

…………

问："李经理，当时那位先生情绪那么激动，请您总结一下是哪些关键的动作和话语让他平复下来了呢？"【上堆，对一个小话题提炼总结】

…………

问："咦，为什么不……这么做，会有什么不同结果吗？"【平移，拓展思维】

…………

问："所以，最终的结果是？"【问 R 结果】

…………

问："从这个过程中，我发现您的业务基本功真的非常非常扎实啊，能不能聊聊您是怎么把这么多的业务知识记得、用得这么熟练呢？"【平移，开启新话题】

…………（参考提问清单一步步推进）

问："非常感谢您抽空进行这次访谈！我总结了一下，今天您分享的重点主要有：第一……第二……您看看还有其他修正或补充吗？"【总结确认，按需补充】

…………

好的，我回去把详细内容梳理出来之后，××月××日还会发给您再确认一下……据您所知，×××等这些方面还有谁做得比较好吗？能不能帮忙推荐让我也做个访谈……【预约后续，询问推荐】

好的，再次感谢您……【结语、致谢、祝福】

6.3 群萃：引导团队共创

古典在《跃迁》一书中提到了单机学习和联机学习这两个概念。过去的人们习惯于单机学习，总是自己一个人关起门来慢慢琢磨。但是，每个人都有自己思考的局限性，靠一己之力效率显然比较低。当今，越来越需要用联机学习的理念，跟一群人彼此连接，形成一个网络，共同脑力激荡，一起提升自己。

群萃也是一样的逻辑，一群人一起萃取能够更精准地找到成功关键因子，提高组织经验的质量，实现"众人拾柴火焰高"的效果。

不过很多时候，理想很丰满，现实很骨感。我们本来希望一群人能够"三个臭皮匠，顶个诸葛亮"，结果却往往成了"三个和尚没水喝"。你看下面这几个人（见图6-5），他们是怎么开展团队讨论的？

图 6-5　团队讨论

看完图后，不难发现，如果一群人聚在一起，却没有一个好的团队研讨方式，还不如一个人自己埋头静静地思考。

那如何才能通过有效的研讨设计引导大家发挥团队的力量呢？

团队研讨有其底层逻辑，一般情况下，研讨会先锁定和导入一个主题，然后围绕这个主题进行发散，发散完之后收敛，最后得出研讨的共识，也就是先做"加法"再做"减法"。

围绕这个研讨逻辑，我们针对 D₃ 萃取智慧中的分析成功关键因子设计了一套适合组织经验萃取的团队研讨五步法，分别是导入主题、头脑风暴、分层分类、聚焦关键、发布确认，具体如图 6-6 所示。

图 6-6　团队研讨的五个步骤

这五个步骤具体怎么做呢？

6.3.1 导入主题

在研讨之前，把案例等相关材料提供给所有参加研讨的团队成员阅读熟悉。在研讨开始时，主持人再次重申萃取的主题，明确研讨的目标，说明研讨的流程和规则。大家有了共识，可以避免走许多弯路。

6.3.2 头脑风暴

导入主题之后，我们进行第二步——发散，用什么方法来发散？这里介绍一个非常经典、好用的方法给大家——头脑风暴，也叫 Brain-storming。头脑风暴来源于奥斯本的《想象力的实践》一书，它是一种激发集体智慧、产生创新设想的方式。

一般情况下，头脑风暴要求一群人在正常的、融洽的、不受限制的氛围当中，打破常规，积极思考，畅所欲言。在此过程中，有四个重要原则要遵循。

第一 自由畅谈。一定要保持自由畅谈的氛围，也就是不要设置任何的条件约束，大胆地展开想法，不怕想法怪，就怕没想法，哪怕异想天开，也是件很好的事情。

第二 延迟评判。别人提一个想法，我们总会条件反射地评价，这个想法行或不行，好或不好。然而在头脑风暴中，最重要的是别急着做评判，营造一个轻松的氛围让人自如地提想法。

第三 追求数量。头脑风暴在研讨的底层逻辑上属于做"加法"的部分，当然是多多益善，是只求数量的过程，所以绝对不要怕想法太多。

第四 借题发挥。在头脑风暴过程中，我们鼓励每个人都参与，鼓励大家综合见解，并且在别人的见解上进一步补充、发挥。

这四个原则是在头脑风暴时要遵循的原则。

我们一起看看，如果在团队研讨当中出现了这些说法，是否符合刚刚说的四个原则？

> 这种方法肯定不行，我们没有这个条件。

不符合！已经开始在做评判了。

> 关于这个想法，我还有一些补充……

这句可不可以？当然可以！"我还有一些补充……"这就叫借题发挥。

> 你可以再细化一下你的想法吗？

可以！这是鼓励对方继续发挥。

以上举例，就是请大家注意，在头脑风暴的过程中，我们一定要遵循头脑风暴的四个原则来发言，不要产生限制性思维，更不要打压别人的想法。

不过，在头脑风暴的过程中，有一些比较典型的情况，比如某些团队的人员总体属于慢热型，他们很有可能不善言辞，当管理者说大家一起发言，有想法尽管提，但他们就是不说话，没东西输出，该怎么办？

给大家支个招，管理者可以用书写式头脑风暴来攻克这个困难。怎么操作呢？

管理者可以先让参与研讨的人一起静下来，各自独立思考，把想到的每个想法都写在便利贴上，一张便利贴就写一个想法，写下来之后大家分别发表观点，再进行观点整合。在写的过程中，甚至可以要求大家轮流写，每写出一张，就撕下来放在中间，并且给大家一个要求，写到写无可写的时候请再努力多写一张。总之，就是把大家逼到彻底把自己的想法"掏空"为止。

这种用书写替代口头表达的方式，特别适合解决内敛慢热的人在头脑风暴一开始不善言辞的情况，但其实所谓的慢热并不是不会热，只是热起来的时间、思路打开过程比较长，因此需要先用书写的方式打开局面，如果气氛升温了，大家放开了，就可以直接以原来的方式开展头脑风暴。

还有一种情况恰恰相反，比如我们给销售团队组织头脑风暴，发现其中总有一些人特别能说，讨论简直成了他一个人的天地。我们把这样的人称为"一言堂堂主"，独占风头。

有人愿意发言，这是好事。可是如果有一个人总是发言，占了几乎所有的时间，这就不好了，不符合头脑风暴中群策群力的要求。这里给管理者也支个招，不妨准备一支小棍子或者其他可以拿在手上的道具，将其称为"魔法棒"，管理者与员工提前约法三章，手上拿着"魔法棒"的人才有发言权，发言时其他人必须保持安静，不能打断，这样就避免了一个人"一言堂"的情况。

头脑风暴如果组织得好、展开得当，其产出的成果将非常丰富。如果一个想法就写一张便利贴，甚至会有产出几百张的盛况。

依据研讨的底层逻辑，已经做了发散，做了"加法"，积累了一堆的材料，下一步是不是就做"减法"，直接从中聚焦、挑选呢？

别急，由于头脑风暴是在不受约束的情况下进行发散的，有很多内容需要进行整理和修正，才方便后续有效地聚焦关键。因此，在这之前先进入第三步——分层分类。

6.3.3 分层分类

举一个例子，以"如何成功组织线下大型促销活动"来展开头脑风暴，大家基于一个成功的案例发表了很多观点，比如目标很明确、礼品有分量吸引人、赞助商给力、天时地利人和、活动前宣传推广到位、团队协作良好等，看上去眼花缭乱（见图6-7）。这个时候如果直接做减法真是太困难了，所以得先梳理分类，怎么做呢？

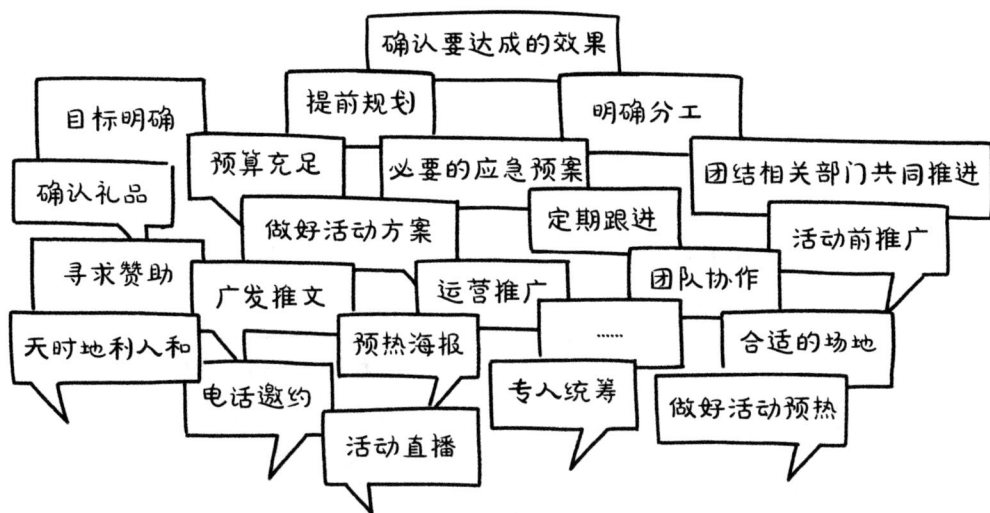

图 6-7　头脑风暴后

　　首先，你会发现头脑风暴出来的有些信息是有疑点的，比如有人说"天时地利人和"，听上去很有道理，但是搞不懂具体是指什么，那么就要继续追问"天时""地利""人和"分别指的是什么。

　　原来"天时"是指活动当天气温适宜没下雨，且时段安排在周五的下班时段；"地利"指的是活动场地设置在商场入口和车站之间的空地上，下班时间人流量大；"人和"指的是针对的客群为周边上班的白领和住户，且与协办方 A、赞助商 B 的合作关系处理得非常好。

　　把所有的疑问澄清之后，又可能会发现一个情况，在头脑风暴出来的那些点里，很可能有一些项是相同的，或者哪怕不相同，也只是穿了不同的"马甲"，内在含义是一样的。这个时候该怎么办？我们要合并同类项或者相似项。

　　比如头脑风暴里面有两个点：目标明确、确认要达成的效果。这时，大家可以仔细琢磨一下，其实这两个讲的是同一个问题，都是目标要明确，于是合并成"目标明确"即可。

还有一种情况是甲、乙两项并不完全相同，而是之间有一个交集。遇到这种情况该怎么办呢？把它们拆分成 A、B、C 三个不相交的成分，分别重新进行表述（见图 6-8）。

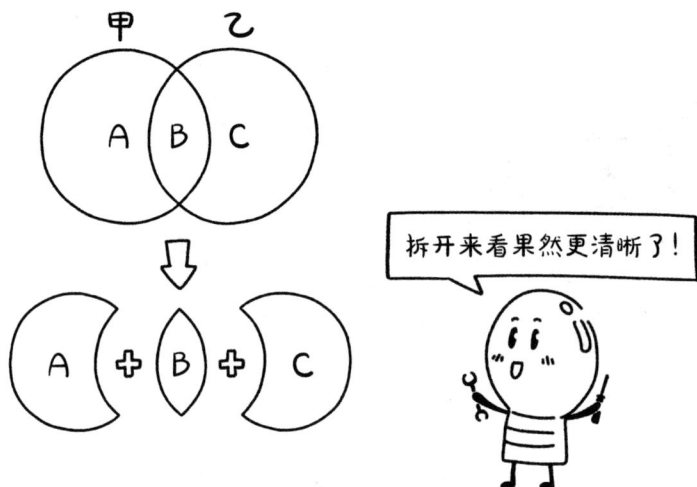

图 6-8　拆分

把同类项、有交集的项梳理完之后，所有的条目、所有的点就变得更清晰、更完整。但这时你会发现数量变多了，怎么办？我们对这些项进行主题词提取，再分层分类（比如明确目标、确定活动方案、确定应急预案等，就可以把他们归为一类，取一个主题词叫作"前期规划"）。

当然，头脑风暴出来的这些项中，可能有些项存在着包含关系，比如乙和丙都包含在甲中，此时甲可以直接成为乙和丙的主题词。像图 6-7 中罗列的"预热海报""广发推文"等，都可以视为"活动前推广"的子项。

我们把头脑风暴出来的项目梳理分类好后，它们的层次关系和罗列方式就非常清晰了，然后把这些内容边讨论边填入第四章介绍的工具"逻辑树"中。

6.3.4　聚焦关键

有了逻辑树之后，咱们可以开始做"减法"了，也就是聚焦关键点。聚焦关键点最重要的是分析点与点之间的相关性，比如哪些点与成功是强相关的，是正相关还是负相关？在团队讨论的过程中，大家对于"是否为强相关"，尤其是"相关的强烈程度如何"的看法通常不太一样，这就是团队研讨和自己思考不一样的地方，如何把集体意志以一种更透明公开且科学的方式呈现出来呢？

这里给大家推荐两个简单易操作的方式，第一种叫**"投票法"**。

先给每人发放一定数量的不干胶小圆点，做投票用。大家浏览完逻辑树上所有的要点之后，把小圆点分别贴在自己认为重要的各个点上。贴完统计一下，得票最高的点就是大家比较有共识的、强相关的成功关键因素。

第二种方法更严谨一些，叫**"评分法"**。

首先把团队研讨出来的全部备选的成功关键因子整理成表格（见表6-5），把最后一级颗粒度最小的内容作为评分的对象，在其右边画出打分的空格，分值可设为10分制或5分制，分数越高相关性越强。大家对照表格各自给每个项评分，然后汇总所有人的打分，统计出每一项的平均分，接着强制排序，得分靠前的项就是成功关键因子。

表 6-5　成功关键因子评分表

关键因子			评分											
			A	B	C	D	E	F	G	H	I	J	……
前期规划	明确目标		9											
	做好活动方案		8											
	……		5											
运营推广	活动前推广	预热海报	8											
		邀约推文	9											
		……	6											
	活动中推广	活动直播	7											
		……	3											
	活动后推广	……	4											
……	……	……												

成功关键因子确认后，再给它赋予明确的标准。

6.3.5 发布确认

由于研讨的流程比较长，参与者比较多，记录的人也可能会有一些偏差，所以我们建议最后一定要再做一次发布和确认，跟大家确认最终的结果是不是能够代表自己的观点。而且，很多时候，在发布确认的环节，还能迸发出很多有价值的观点，能够让研讨成果的质量更上一层楼。

以上就是运用团队研讨寻找成功关键因子的五个步骤。如果我们要将团队研讨扩展到整个 4D，其底层逻辑是完全相通的，相当于把一节一节车厢拼接起来，做成了一列完整的动车组。只是每节车厢用到的具体工具可能各有不同。

引导工具百宝箱里，还有很多经典且实用的方法，比如世界咖啡和漫游挂图[⑪]在群萃中就经常被大家用到。

独行快，众行远。作为一名管理者，掌握一些团队研讨的引导方法和工具，不仅可以用来做组织经验萃取，还可以用在日常开会。只要是一群人的共创，就离不开好的流程和方法。

6.4   萃取的注意事项

无论采取哪种形式开展组织经验萃取，萃取的质量都是由贯穿在一起的三个问题决定的。它们是有料可挖、愿意输出、加工精良。

（1）　**有料可挖**。组织内部有足够的业务专家，业务专家有丰富的最佳实践。

---

⑪ 世界咖啡：是一种集体提出问题、分享观念的方法，由朱安妮塔·布朗（Juanita Brown）和戴维·伊萨克（David Isaacs）联合创造。
漫游挂图：多用于引导、培训的一种活动方式，能促使信息共享，最后形成对焦点问题的多元化解读。

（2）愿意输出。业务专家愿意分享案例，贡献经验。

（3）加工精良。参与组织经验萃取的人掌握了整套萃取技术，能对原材料进行有效的挖掘整理和提炼总结。

很多团队将第一个问题和第三个问题解决得很好，在第二个软性问题上容易"卡脖子"。如何激发业务专家的分享意愿？这是团队管理者需要认真思考的。

要激发业务专家的分享意愿，还得回归到现实层面来。业务专家为什么愿意把自己的经验贡献出来呢？无外乎三个原因。

1. 有前途

（1）对晋升有帮助。比如某公司，所有干部在晋升时必须满足一个条件，每人必须提交两个主题研究报告（本质即案例 + 经验）并且通过评审答辩。相当于读大学写毕业论文，论文不达标、答辩没通过，就拿不到毕业证。再比如某银行，如果技术骨干要获得技术评定的晋级，知识积累和经验分享这一项就有 25% 的权重。

（2）对业绩有促进。被萃取的对象通常是团队里的骨干，自身扛着很多绩效指标，天然地比较关心付出的时间精力是否对完成 KPI 有贡献。如果输出的经验反哺团队，成功培养了人才、提升了绩效，又或者通过与其他兄弟团队共享经验、互通有无，找到了烫手难题的解决方案，岂不快哉？

（3）为未来拓空间。比如某 IT 公司的数据库专家，将 SQL（结构化查询语言）优化的经验进行了系统总结，征得公司领导同意后，进行出版，结果成了垂直领域的畅销书，个人在行业内的影响力也得到很大提升，经常代表公司出席各种专业论坛。

2. 有奖励

比如参与组织经验萃取项目，可以对成果进行评优，分出一、二、三等奖分别给予金额不等的物质奖励。又比如平时贡献案例和经验，经过评审合格被纳入公司/团队案例库的，或者在内部平台结合自身经验给同事答疑解惑被采用的，给予积分，积分可以兑换公司自制的文创产品。

在有些能够直接产生经济效益的萃取主题上，成果应用后甚至可以按照所产生效益的一定比例给参与萃取的团队成员发奖金。

此外，优先的外派培训资格也是一个很好的成长激励。

3. 很快乐

快乐是一个精神层面的回报。大多数人能从分享中获得成就感，特别是分享的东西被受众认可、自己的经验被需要时，内心的快乐是难以言喻的。从组织层面，可以通过一些措施强化这种情绪价值。比如萃取成果上有贡献者署名，无论谁查阅都能第一眼看到经验的出处；再比如建立评选"分享达人"的长效机制，给贡献案例和经验最多、最好的人颁奖、颁发证书。

还有一种很重要的情绪价值来自人际互动。参与组织经验萃取的过程，有很多机会和平时互动不多的其他业务专家进行脑力激荡（头脑风暴），交流过程灵感迸发，交流之后交情更深，工作配合更顺畅。

只要在以上三点下足功夫，工作动力问题一般能够得到较好的解决。作为管理者，我们还应该从减负和安全两个角度，给参与组织经验萃取的业务专家解压。

业务专家有一个特点，由于能力突出往往身担要职，工作繁忙压力很大。如果参与经验萃取，结果和自身工作产生冲突，又或者需要耗费大量的时间和精力，就算有火热的分享意愿也会被当头一盆泼来的冷水浇灭。所以，要尽量想办法让他们的分享变得更简单。

（1）忙时打仗，闲时练兵。安排在业务淡季开展组织经验萃取活动，而不是旺季，更不是业绩冲刺的关口。

（2）提供结构化的问卷、模板和范例，使业务专家更容易理解和操作。

（3）做好顶层设计，形成系统性的萃取主题包，其中每个主题的颗粒度要往小分解，方便业务专家利用碎片时间就可以完成单一主题的萃取工作。

（4）更灵活的交付形式。很多业务专家善于干活不善于总结，能说会道但不怎么能写。事实上，案例的形式多种多样，可以是文稿，也可以是手机拍摄的短视频。如果是一些小妙招、小技巧，一张现场照片也能说明问题。

（5）借助 AI 工具提高效率。现在语音识别技术非常成熟，识别准确率可以达到 90% 以上，完全可以用类似讯飞语记这样的工具来帮助整理案例。

（6）提供人力支援。管理者可以指派职能部门擅长做文字工作的人员担任萃取师，替代业务专家完成文稿撰写的工作。一个更好的选择是，指派同岗位的后备人才充当萃取师，由他们和业务专家结对子开展萃取。这样既能给业务专家减负，对后备人才来说又是一次难得的学习成长机会，一举两得。

此外，是安全保障的问题。比如在访谈过程中，未经允许进行录音录像或者刺探业务专家的隐私，会引起对方强烈的抵触情绪。

我在多年辅导企业的过程中发现，越来越多优秀的企业开始重视组织经验萃取，采用的方式方法也越来越巧妙和创新。这里给大家分享两家公司的做法，供各位管理者参考。

────【案例 1：群策群力，共创共享】────

G 公司是典型的以项目形式运行的企业，开发项目存在以下显著特点。

（1）各项目之间日常工作相对独立，员工互相交流偏少。

（2）各项目的大流程和核心工作基本相同或相近。

（3）项目管理的复杂度高，项目负责人及各专业部门需要应对的挑战性问题较多。

如何通过组织经验的萃取与转化，帮助业务部门更快、更好地解决实际问题，并且同步提升管理者的管理水平和专业能力呢？G 公司别具匠心地设计了一套群策群力、共创共享的机制。

第一步：聚焦业务问题。

通过项目实地调研和集中头脑风暴，汇总各项目实际工作中遇到的痛点问题，并根据重要度、紧迫度和普遍性（被各项目提及的次数），综合评价排出问题的优先顺序。

第二步：实现主题配对。

对排序靠前的痛点问题组织"拍卖"，通过自荐或指定的方式，由优秀项目团队认领问题，成为"答主"。

第三步：萃取项目经验。

"答主"围绕所认领的问题，结合项目实践，提炼总结历史经验，形成解决方案。

第四步：优化解决方案。

分阶段、分主题组织答辩会，由"答主"发布问题的解决方案。其他参会者，既可以针对解决方案提出疑问，由"答主"补充讲解，也可以补充自己的不同经验和见解，使解决方案更加细化和完善。

第五步：推动知行合一。

提出该难点问题的项目团队参照上述解决方案展开行动，在推动解决实际问题的同时，反馈执行情况，评估落地成效，进一步升级迭代解决方案。

从第一步到第五步构成了完整的一轮循环。一轮循环结束，立即开始新的一轮，以实现老方法的更新迭代和新问题的持续补充。

为了保障这套机制的有效运行，公司还专门采取了三项行动。

（1）**团队赋能**。邀请专业机构为各项目团队培养组织经验萃取师，掌握萃取技术，落实萃取工作。

（2）**激励配套**。设计评分标准，由主题专家对"答主"提供的解决方案进行综合评价，每年度评选最佳"答主"，并给予相应的荣誉和物质激励。

（3）**知识管理**。每个主题均建立结构化档案，全程信息严格整理归档，沉淀为公司宝贵的知识资产。

这套机制最大的亮点就在于每个项目团队既是问题的提出者，又是问题的解决者，真正促进了项目之间团队成员的群策群力、共创共享，而且从实践中来、到实践中去，实现了知行合一，堪称经验萃取和知识经营的优秀办法。

──**【案例 2：借力使力，人才培养反哺经验萃取】**──

H 公司是某电子元器件行业的全球标杆企业，在产品研发和品质管理方面有着强大的核心竞争力。公司内有多位核心技术人员是行业标准的参与制定者，专业人才优势很明显。为了系统性地沉淀产品研发管理方面的经验，技术中心（总部负责技术管理的职能部门）对历史资料进行整理和提炼，汇编成了《产品研发管理工作手册》。这份代表组织经验 1.0 的手册，夯实了研发领域知识管理的基础，但公司认为还有较大的改善空间。如何推动组织经验的升级迭代呢？

继续由技术中心走老路显然效果不佳，假如通过访谈式萃取来吸纳业务专家的经验又有现实困难。参与行业标准制定的几位顶级专家显然是最大的"金矿"，可是他们每个人都担负着关键性研发任务，非常忙碌，根本腾不出时间来整理自己的经验。接受访谈倒是问题不大，可是由于技术中心的手册编写人员在研发方面的实战经验有限，很难提出高质量的问题以达成深度沟通。针对其他研发人员展开访谈，面临的则是另一个挑战，即人员分散在各事业部，耗时耗力，工作量巨大。

后来，他们在人才发展部门的推动下，精心设计实施了一期"研发雄鹰班"，完美解决了这个问题。具体怎么做的呢？

整个项目分成三个阶段。

第一阶段：手册自学 + 分组研讨。

每个事业部派出总工 / 副总工带领核心骨干，组建研发雄鹰学习小组。各学习小组，同步自学《产品研发管理工作手册》，自学完成后再组织小组研讨。研讨主要围绕定位产品、做好产品、管好产品三个维度展开。小组成员共同结合所学，阐述自己的理解和归纳关键点，针对手册内容中存疑的地方提出问题，同时回顾实际工作，总结出当前存在的突出困难和主要挑战。最后汇总研讨共识，形成小组报告。

第二阶段：大咖分享 + 分组研讨。

公司邀请顶尖专家团到场，分别就自己最擅长的领域展开主题分享。分享结束后，各学习小组提出第一阶段研讨得出的疑问、困难和挑战，请专家分享典型案例，给予答疑辅导。专家团分享结束后，再次进入分组研讨环节。研讨的主要内容是结合本组提出的问题，梳理专家团的做法，归纳总结专家团的成功经验，并说明本组受到的启发。

第三阶段：分组汇报 + 大咖点评。

各学习小组带着所学成果，结合本事业部实际工作，用两周时间拟定行动计划，然后集中分组汇报。公司邀请顶尖专家团对各组的汇报进行点评，提出反馈建议。

技术中心编写组的成员全程参与项目，负责记录信息和收集资料。项目结束后，编写组对《产品研发管理工作手册》进行修订，最终输出代表"组织经验2.0"的萃取成果。

大多数业务部门的工作思路是先萃取组织经验，再将组织经验转化成培训课程，然后通过培训为员工提供训练和赋能。但他们打破常规思路，发挥逆向思维，借人才培养项目达成了组织经验升级迭代的目的，并且绕开了开发培训课程这个中间环节，将经验萃取、人才培养和工作规划一举三得。还有一个巧思是，技术中心编写组退出"乙方"，成为"丙方"，改由各事业部的学习小组充当"乙方"和顶尖专家团这群"甲方"展开更具针对性、更有深度的对谈。同时，各学习小组内的研讨和组与组之间的信息分享也极大地促进了经验的融合。真是"借力使力不费力"的妙招！

练一练

完成以下练习，看你对本章的内容掌握得怎么样。

1.（多选题）给关键点的重要度排序可以用哪些方法？（　　　　）

A. 评分法

B. 魔法棒

C. 投票法

D. 世界咖啡

2.（多选题）以下哪些方法能够激发大家参与萃取项目的意愿？
（　　　　）

A. 奖励额外的个人成长机会

B. 提供简洁的模板和工具

C. 给予合理的物质奖励

D. 尽量协调和业务不冲突的时间来组织经验萃取的活动

笔记

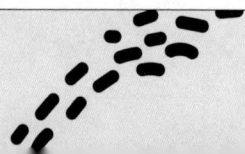

第7章

经验的局限
与破解之道

想一想

1. 经验学习靠谱程度高吗？
2. 在组织经验萃取与转化过程中如何有效避"坑"？

7.1 经验学习的局限性

在前面六章中，我们一直在探讨如何重视组织经验的萃取，如何用"4D"的方法论推动组织经验的沉淀，包括如何在组织内部实施组织经验萃取的活动。总之，经验萃取非常重要。

相信有不少人知道，人们常用的基本逻辑方式有两种，分别是归纳法和演绎法。其中，归纳法这种从具象的经验中归纳出抽象知识的思维定式简直内置在了人类的基因中，令我们往往日用而不知。自古以来，从实践中学习就是人类获得生存技能最重要的方式。不断总结经验，从实践中来再到实践中去，是个人和组织进步的阶梯。

作为人的聚合体的组织——企业，也纷纷开展组织经验萃取的工作。国内外很多知名企业在组织经验萃取方面做了大量的、颇有成果的实践探索。类似联想的管理三要素、海尔的"日事日毕，日清日高"、发源于摩托罗拉兴起于 GE 的 6sigma、当今互联网企业热捧的 OKR 以及麦肯锡七步成诗问题分析与解决法等，从某种角度都可以视为组织经验萃取的成果。

本章我们来谈谈经验学习的局限性。

第一种局限在于经验的含金量一直难以保障。这跟两个方面有很大关系。

第一　人性的弱点使然。社会心理学有个概念是"自我服务偏见"，又称"自利性偏差"，指的是人们常常将他们的成功归功于自己，而做了错事，就怨天尤人，否认或推卸自己失误的责任，把它归咎于外在因素，即把功劳归于自己，把错误推给别人。

这种人性的弱点使得经验萃取得不到事实的真相，也就进一步影响了经验的正确性。

第二　事物的复杂性也会使经验的靠谱程度受到很大挑战。

这个世界绝大多数事情的因和果之间存在着巨大的复杂性，大多无法用"种瓜得瓜，种豆得豆"这么简单的因果关系来对应。我们做经验萃取的时候，常常把偶然当作必然，把一些不重要的原因分析成重要的原因。在复杂性的面前，始终没有找到真正的成功关键因子，这就使得经验的含金量难以得到保障。

人性弱点及事物的复杂性都会影响到经验本身的质量，使其靠谱程度受到很大的阻碍，这是经验学习的第一种局限性。

第二种局限性在于经验的普适性不足。

经验往往具有一定的个性化特征，尽管群萃这种集体研究的方式在某种程度上避免了普适性不足的问题，但它仍然不足以完整地归纳经验。因为归纳法本来就是对一部分现象进行共性研究之后得出结论的一种方法，但在现实中有很多东西往往是在现象或样本之外的，所以很难完全避免经验的普适性不足。

正如哥德尔定律所说，任何体系都有它自己的边界，一旦出了边界，这个逻辑很有可能就失效了。经验也是一样。有句话是"橘生淮南则为橘，生于淮北则为枳"，在不同场景下，在不同的地方，和不同的人，即使针对同一件事，过往的经验也有可能派不上用场。

第三种局限性体现在，经验的推广既有正面的贡献，同时也有负面的作用。

充分推广一套经验，通过标准化、流程化以及机制的保障，能够使整个组织效率得到提升，但这是以强化组织的刚性为代价的。

然而，不确定性是当今这个时代最显著的特征。不确定性也就意味着"变化"，而且是急速频繁的变化。

《进化论》中有这么一句名言——"能够生存下来的物种，并不是那些最强壮的，也不是那些最聪明的，而是那些对变化作出快速反应的"。企业要想生存下来，也得能够快速觉察变化，并且快速适应变化，做一个柔性组织⑫。但组织经验推广得越成功、越充分，人们在执行上的变通和弹性就会越少，从而产生思维惯性，进而使组织失去弹性，对变化的敏锐性以及适应变化的能力反而弱化，直至出现组织僵化。

当未来有新情况出现的时候，人们往往倾向于不假思索地按照老一套方法去执行，但老方法可能已经不适用了，这就很可能带来巨大的风险。

一个通过经验学习带来弊端的实际案例是"经验盲区导致的飞行事故"。在飞行界，经验被认为是飞行员最重要的素质之一。然而，在实际情况中，飞行员可能会因为经验丰富而忽视一些不起眼的细节。例如，一位有多年经验的飞行员在执行一次飞行任务时，对于起飞过程中的机动检查程序熟知于心，却忽略了一个致命的细节，结果导致了飞机起飞后坠毁的事故。

这也说明，仅依靠经验学习的思维方式，难以完全覆盖现实生活中的所有场景，需要更加理性和系统的思考方式去应对各种挑战。

还有一个很常见的情况是，原来所做的经验沉淀，有些时候只是一个有效解，用来解决问题够用，但并不是最优解。而一旦经验推广得极其成功之后，大家对于进一步探索最优解，反而失去了主动意识，于是一直在80分的解决方案上原地踏步、

---

⑫ 柔性组织是指与动态竞争条件相适应的具有不断适应环境和自我调整能力的组织。

不思进取。

第四种局限性在于缺乏有效指导的情况下，经验的应用存在不小的挑战，经验学习过程往往夹杂着困难、误解和错误。

综上所述，经验学习虽然很有价值，但也需要在实践中进行批判和反思，千万不要迷信经验、刻舟求剑，不然有可能适得其反，最终反受其害。

7.2　经验学习局限性的破解方法

经验的局限性客观存在，有没有一些有效的策略来破解呢？

1. 全程加强品质管理

用 TQM 的思维，全程保障经验的质量，特别注重对组织经验的校验工作。

TQM 是 Total Quality Management 的简称，意为"全面质量管理"，它是为了能够在最经济的水平上，并考虑到充分满足用户要求的条件下进行市场研究、设计、生产和服务，把企业内各部门研制质量、维持质量和提高质量的活动构成一体的一种有效体系。

TQM 讲究的是全程的、全面的质量管理。在 4D 组织经验萃取的运行过程中，有很多环节会影响到组织经验的质量。比如一开始的界定主题，选题选得是否足够恰当；是否为一个待解决的问题或者待完成的任务；是否有过往的成功实践经验，以及是否跟组织绩效有很大的关联性，这些都会影响萃取出来的经验的含金量。

另外，按照 TQM 的管理精神，我们还应该在以下几个会影响组织经验成果质量的方面给予足够重视。比如：

（1）在还原案例时，尽量选择一组案例比对研究，而不是一个案例；

（2）尽可能完整真实地还原案例，而不是有所保留；

（3）应努力追求所萃取的组织经验成为"道、法、术、器"齐备的高品质解决方案；

（4）解决方案中的"道、法、术、器"四个部分能融为一体，彼此之间不存在割裂，更不存在冲突的情况。

我们应该在萃取组织经验的全过程中，做好每一个环节，这样生成的组织经验，就会有比较好的质量保证。

2. 开放系统，持续更新

我们要把组织经验萃取做成开放系统，而不是静态的封闭系统，让它变成一个能够自我更新、与时俱进的系统。具体怎么做呢？请看图7-1。

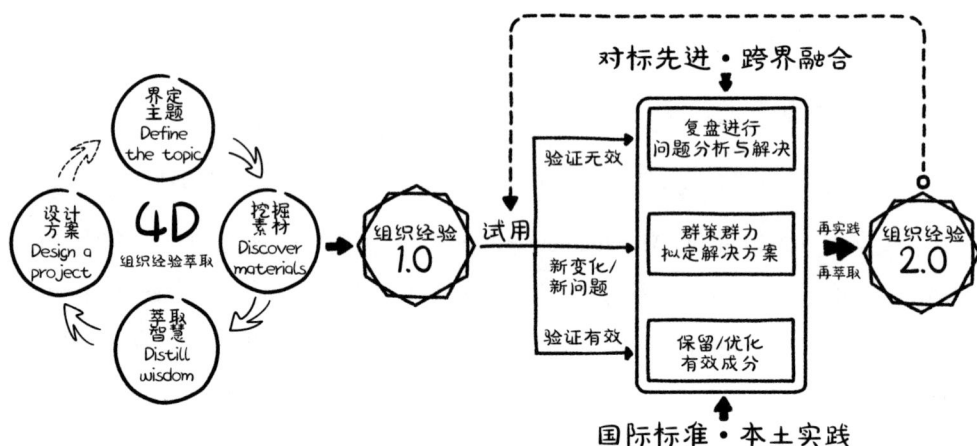

图 7-1　组织经验的持续更新迭代

图7-1中，我们按照"4D"的流程确定了界定主题、挖掘素材、萃取智慧、设计方案之后，生成了组织经验的1.0版本，如果仅让组织经验停留在1.0的阶段，它是静态的，最终会消亡，怎么让它生生不息，保持旺盛的生命力呢？

如果我们把从实践中来的组织经验萃取还原到实践中去试用，会发现可能出现以下几种情况。

第一种情况是有一些经验被验证为有效，我们先对这些经验进行保留或者稍做优化，而有一部分经验可能被验证为无效，无效的原因是多种多样的。此时，我们需要通过复盘，具体问题具体分析，确认无效的原因，以及确认是否应该修正或变换具体做法。

还有一种情况是我们在试用的过程中发现适用的场景要素已经发生了一些新变化，出现了在过去的案例场景中没有涉及的一些新形势。针对新问题、新变化，我们需要通过行动学习类的团体研讨，共同"推演"出一个可行的解决方案，然后再放到实践中进行检验。

这个过程有点像 PDCA 戴明环，运行一个循环之后接着一个循环，而且呈螺旋式上升、波浪式前进，是一个不断更新迭代，不断根据新情况发展演变的过程。有了 2.0 版的组织经验，还可以继续滚动形成 3.0、4.0、5.0，由此形成永不停止的 N 个版本，这就使它生生不息，永远保持生命力。

除此以外，我们还要拓宽组织经验的来源，除了从内部的实践中总结，也可以从两个方面引入外部能量，提升组织经验的价值感。

一方面，是对标先进，融合本行业标杆企业的实践。也可以跨界融合，因为跨界融合形成的降维打击，有时候比跟本行业的标杆学习效果还更大一些。

另一方面，很多问题不妨采取国际标准、本土实践的模式，引进国际上实践验证过的先进理念、先进方法，结合本土、本企业的环境对其进行改造和实践。

这样就使整个组织经验萃取的系统形成了一种开放式结构，从而避免了物理学上所说的"熵增"。

3. 提高学习层次

我们要努力提高学习层次。在学习方面有两个典型的不同层次。一个层次叫"低智学习"，低智学习是指模仿的是他人的行为，你这么做我也这么做。模仿行为在偏操作性的任务上，效率是非常高的，因为行为是显性的，容易模仿和复制，但是它也带来了明显的副作用。机械化地复制行为，一旦内核的东西稍微发生了变化，它将难以触类旁通、举一反三。

另一个层次的学习叫"高智学习"，即更多的不是模仿他人的显性行为，而是认真琢磨背后的心智模式和思维框架，通过思维框架的抽象化升华，使它具有更好的适应性。

如果您在工作、生活中用心观察和思考，将会发现"万法同宗""殊途同归"是很常见的现象。就像在教学设计领域的很多模型，比如加涅的教学九步法、梅里尔的五星教学法、麦克卡西的自然教学八步法等。在这些著名教学框架的背后，你会发现它们的底层逻辑是完全相通的，一旦我们能把它们背后的底层逻辑发掘出来，未来面临各种情境都可以灵活、变通地使用。因此，在组织经验萃取过程中，我们要非常注重对"道"的提炼，而不仅仅是重视对"法、术、器"的提炼。当"道"挖掘得好的时候，在某种程度上我们是可以做到以不变应万变的。

4. 保持组织弹性

我们要努力保持组织的弹性。一方面，我们要重视对组织经验的萃取，提高组织的效率。另一方面，我们一定要留出一定的空间，进行学习创新，注重向未来学习，更敏锐地洞察变化、拥抱变化，甚至故意采取过去未曾用过的一些方法，开拓新的路径来实现第二曲线的增长。

当然，今天是一个人工智能大发展的时代，所有组织、所有人都非常关注人工智能（包括智能化机器人）将给人类社会带来的巨大改变。相信在未来，组织经验萃取跟人工智能的结合将非常紧密。萃取将基于大数据和云计算，充分发挥 AI 的数据分析与挖掘能力，使萃取的过程更加去人工化，萃取的结果更加精准、更具有普适性。在经验落地转化方面，我们可以把很多比较明确的标准转化为算法，交付给 AI 去执行，由 AI 替代人的工作，从而可以让人去做更有思考价值的工作。

这并非对未来的假想，在某些领域已经成为现实。比如在客服领域，AI 可以收集和分析客服人员在服务过程中的各种数据，提炼出客服人员服务客户的最佳方案，包括客服的语音语调、表情，对不同对象应该保持哪种不同的沟通方式等。这些经验萃取出来后，由 AI 再基于算法对客服人员进行训练，对客服人员的表达是否正确、语音语调是否匹配、有没有有效识别客户的不同类型等进行检核和修正，甚至直接用 AI 做成数字人，由数字人来担任客服，为客户提供服务。

因此，作为一名管理者，我们需要重视组织经验萃取，要把组织经验萃取当回事，但同时我们不要太把经验萃取当回事，只有这样，我们的团队才能够永远保持活力，在不断沉淀组织经验的同时，勇敢地去拥抱未来、拥抱变化。

笔记

后　记

写完书稿交给 Sophie 的那一刻，团队的小伙伴们仿佛刚打完一场胜仗，从战场上撤下来，神经依然紧绷，身体相当疲劳，但心情非常爽。没错，是酣畅淋漓的酸爽！因为我们用自己总结的 4D 方法完成了一次关于组织经验萃取的深度萃取，这本书就是这次"群萃"的主要成果。

我当下的角色是顾问师与职业培训师。我不止一次地对团队伙伴和学员说："我由衷地喜欢这个角色。因为它非常符合我所秉持的'人生即体验'的理念，极大地满足了我的好奇心，可以借工作之机，读万卷书、行万里路、交各界朋友、吃各地美食。"这个以成人达己为责任的工作，拓展了我的生命宽度。

作为 4D 组织经验萃取模型的研发者，我也非常享受在组织经验萃取项目中担任萃取师或萃取师教练。在与各行各业、各怀绝技的经营管理者和业务专家脑力激荡的过程中，不断刷新自己对商业、对组织、对管理的认知，同时逐渐养成了透过现象看本质的探究习惯，凡事喜欢寻找背后的底层逻辑和思维框架。这又扩展了我的生命厚度。

这一横一纵共同构成了我个人成长的 T 型框架。

我还有另一个角色是企友咨询的创始人，带领团队为众多灯塔客户提供人才发展解决方案。为了持续提升团队的专业服务能力，我们内部也在不断用 4D 这套方法论来沉淀知识、培养人才、提升绩效，也曾在全面总结《跟松哥上讲台——内训师的四项修炼》线上课爆款的成功经验的基础上，推出了一系列广受欢迎的 OMO（Online-Merge-offline）线上线下融媒化产品。

因此，毫不夸张地说，无论是我个人还是我所带领的团队，本身就是 4D 组织经验萃取模型的受益者。

这本书插画里的那个萌萌哒小胖子，叫"灯泡君"，是企友旗下"师达人"品牌的形象代言人，寓意用创新和智慧点亮他人。我们也希望像"灯泡君"一样，以不端不装躬身入局，以知无不言言无不尽的姿态尽一份绵薄之力，助力您和您的团队成为组织经验萃取的受益者。

竭诚欢迎您把对本书的宝贵意见告诉我们，也欢迎您把团队尝试使用 4D 组织经验萃取模型过程中遇到的挑战和疑问反馈给我。更进一步，如果您希望自己团队的萃取成果得到我的反馈和建议，也可以做必要脱敏后发给我。我将尽快联系您，共同探讨交流您所关心的问题。

我的邮箱是 wangfs@chinapoe.cn。

再次感谢大家的厚爱！祝萃取之旅充实快乐、卓有成效！

参考文献

[1] 王法松 . 有用才是硬道理——高绩效培训师实战手册 [M].北京：中国铁道出版社有限公司，2019.

[2] 科特，科恩 . 变革之心 [M].刘祥亚，译 . 北京：机械工业出版社，2013.

[3] 罗思韦尔 . 超越培训，凭绩效说话 [M].乔学军，李龙乔，宋霆，译 . 厦门：鹭江出版社，2015.

[4] 斯坦菲尔德 . 学问 ORID：100 种提问力创造 200 倍企业力 [M].钟琮贸，译 . 北京：电子工业出版社，2016.

[5] 索亚，霍格斯 . 经验：我们为什么会学到错误的经验以及如何纠正它们 [M].彭相珍，译 . 北京：中国青年出版社，2022.

[6] 马奇 . 经验的疆界 [M].丁丹，译 . 北京：东方出版社，2017.

[7] 陈中 . 复盘：对过去的事情做思维演练 [M].北京：机械工业出版社，2013.

[8] 樱田润 . 信息图表设计入门 [M].施梦洁，译 . 上海：上海人民美术出版社，2015.

[9] 竹内弘高，野中郁次郎 . 知识创造的螺旋：知识管理理论与案例研究 [M].李萌，译 . 北京：知识产权出版社，2006.

[10] 希尔伯，福希等 .ISPI 绩效改进指南（第一卷）[M].周涛，等译 . 南京：江苏人民出版社，2015.

[11] 吴文广 .QC 知识解读与实战案例 [M].天津：天津科学技术出版社，2020.

[12] 米尔顿，拉姆.知识管理：为业务绩效赋能 [M].吴庆海，张丽娜，译.北京：人民邮电出版社，2018.

[13] 林德斯，厄金斯等.毅伟商学院案例学习 [M].赵向阳，黄磊，译.北京：北京师范大学出版社，2011.

[14] 桑原晃弥.丰田 PDCA+F 管理法 [M].张璇，译.北京：人民邮电出版社，2019.

[15] 杨澜.提问 [M].杭州：浙江文艺出版社，2020.